W0401113

DIE KATALANISCHE KÜCHE

EINE SCHLEMMERREISE
DURCH DIE KULINARISCHEN GENÜSSE
EINES UNVERGLEICHLICHEN LANDES

BONECHI

Erklärung der Tabelle

SCHWIERIGKEITSGRAD	GESCHMACKSRICHTUNG	NÄHRWERT
● einfach	● mild	● niedrig
●● niedrig	●● würzig	●● mittel
●●● schwierig	●●● sehr kräftig	●●● hoch

Verlagsprojekt: Casa Editrice Bonechi
Verlagsdirektor: Alberto Andreini
Koordination: Paolo Piazzesi
Grafischer Entwurf: Andrea Agnorelli e Maria Rosanna Malagrinò
Video-Umbruch: Ideafeeria
Umschlag; Andrea Agnorelli
Redaktion: Patrizia Chirichigno

Übersetzung: Heide Marianne Siefert

In der Küche: Lisa Mugnai
Diätfachmann: Dr. John Luke Hili

Die Fotos der einzelnen Gerichte sind Eigentum des Bonechi-Archivs und stammen von Andrea Fantauzzo

Die Landschaftsaufnahmen sind Eigentum des Bonechi-Archivs und stammen von:
Marco Bonechi, Luigi Di Giovine, Paolo Giambone, Andrea Pistolesi, Alessandro Saragosa.

Für nicht ausgewiesene Photos dankt der Verleger im vorhinein für eventuelle Hinweise, die dann bei Neuauflagen übernommen werden.

Gemeinschaftswerk. Alle Rechte vorbehalten. Der Nachdruck, auch auszugsweise, die Speicherung oder Übertragung dieser Veröffentlichung in welcher Form oder mit welchen Mitteln auch immer - elektronisch, chemisch oder mechanisch - mittels Fotokopien oder mit anderen Systemen, einschließlich Film, Radio und Fernsehen, sowie mit Systemen der Archivierung und der Informationssuche, sind ohne die schriftliche Genehmigung des Herausgebers untersagt.

© Copyright 2003
by CASA EDITRICE BONECHI, Firenze - Italia
E-mail: bonechi@bonechi.it Internet: www.bonechi.it www.bonechi. com

Druck in Italien: Centro Stampa Editoriale Bonechi

Der Umschlag, der Umbruch und alles, was von den Grafikern der Casa Editrice Bonechi *für diese Veröffentlichung hergestellt wurde, sind durch internationales Copyright geschützt.*

ISBN 88-476-1255-1

***

Ein Land mit vielfältiger Esskultur

In Katalonien bereitet man *alioli* wie in der Provence und im Langedoc zu, kocht Spaghetti wie in Neapel und Cannelloni wie in Bologna. Allerdings handelt es sich dabei durchaus nicht um Anleihen oder gar Almosen, auf die man etwa aus Mangel an eigenen Resourcen zurückgreift. Im Gegenteil, diese und andere Gerichte stellen Schöpfungen einer sich ständig entwickelnden Gastronomie dar, die immer wieder fähig ist, neue "Perlen" auf den eigenen Baumstamm aufzupfropfen, aus denen wieder neue Blüten sprießen. Eine Küche, die sich die in Valencia heimische *paella* aneignet und so die *paella parellada* erfindet, oder die unwiderstehlichen *fideua*, eine *paella* mit Nudeln anstatt mit Reis. Wie wir auf unserem Streifzug durch das Duft- und Würzparadies dieser Esskultur feststellen werden, sind in der Gastronomie Kataloniens aufwendige Menüs ebenso vertreten wie rustikale und essentielle Gerichte, raffinierte Kreationen neben alten Hausrezepten, wobei oft zwei wesentliche Komponenten der katalanischen Landschaft, nämlich das Meer und die Berge, miteinander verknüpft werden. Eine Tafel, die zugleich erlesen und volkstümlich, elegant und bescheiden ist, und man Gerichte, bei denen in ausgewogenem Gleichgewicht Süßes mit Salzigem kombiniert wird – sogar unter Verwendung von viel Schokolade, wie beim *estofat de bou* – ebenso genießt wie ganz einfache Dinge, etwa das typische *pan tomaquet*, hausbackenes Brot, das mit Knoblauch und Tomate abgerieben wird. Die katalanische Kochschule hat im Laufe der Zeit eine kulinarische Struktur ausgearbeitet, die sich auf vier Säulen stützt: *picada, romesco, samfaina* und *sofrito*. Es sind dies nicht einfach Saucen im Sinne von Beilagen, sondern, nach den historischen Regeln der großen internationalen Küche, grundsätzliche Komponenten, die das Fundament des gastronomischen Aufbaus darstellen.

Der katalanische Trend zur Synthese findet seine Bestätigung in Gerichten, die nach den internationalen Menüvorschriften (Vorspeise, Erster Gang und Hauptgericht, oder *entrée* und *plat* und so weiter) schwer klassifizierbar sind und die vielmehr allen und zugleich keinem dieser Ditkate angehören. Da sind zunächst die zahlreichen Rezepte auf der Grundlage von Reis (*arros a banda, arroz a la catalana, arroz con habas* usw.), regelrechte Eintöpfe, ebenso die Nudelgerichte (*fideos a la catalana, fideos con mariscos* und die schon erwähnte *fideua*), dann aber auch Gemüsetöpfe (*berenjenas, coles* und *espinacas a la catalana*), vor allem die berühmten *habas a la catalana*, mit Speck, *butifarra* und vielen aromatischen Kräutern. Auch Salat findet vielseitige Verwendung als Beilage, leichtes Hauptgericht oder, schmackhaft angerichtet, sogar als Vorspeise. Hier wären vor allem *amanida* und *xato*, für den zweiten Gang die hervorragende *esqueixada de bacalao* und *empedrat*, und als Beilage die köstliche *escalivada* zu nennen. Unter den Dessertvorschlägen ragt die berühmte *crema catalana* heraus, gefolgt von dem delikaten *menjar blanc*, dem einfachen und naturreinen *mel i mató*, dem *postre de músic* und vielen anderen Köstlichkeiten.

In der katalanischen Küche gehen Alt und Neu reibungslos nebeneinander her. In den Lokalen von Barcelona, wo es bis Anfang des 20. Jahrhunderts einige der renommiertesten

Restaurants von Europa gab, ist praktisch jede gastronomische Richtung vertreten, ob katalanisch oder aus anderen iberischen Regionen, aus allen Mittelmeerländern, aus jeder Nation Europas und der ganzen Welt. Aber in der unendlichen Vielfalt an Rezepten ist ein Gericht unschlagbar, die beliebte *escudella i carn d'olla* (Suppenfleisch-Eintopf), die berühmte katalanische Version - und was für eine! - des iberischen *cocido*: erster Gang, Hauptgericht und Beilage zugleich. Die zwischen den Pyrenäen und der Costa Brava gelegene Provinz Gerona, die für ihr gutes Fleisch, aber auch für Fisch bekannt ist, aus denen sich das köstliche *suquet de pescado* zusammensetzt, zeichnet sich durch die Gastronomie eines Grenzlandes aus, in der Süßes und Salziges gern gemischt und auch Fleisch und Fisch miteinander verwendet werden, wie bei dem sogenannten *mar i terra*, wo Huhn mit Languste in einen Topf kommt (herrlich in diesem Zusammenhang die *langosta a la Costa Brava*), ein enger Verwandter des *porc amb musclos*, bei dem Schweinefleisch und Muscheln kombiniert werden. Aber auch im Landesinnern findet man Fleischeintöpfe wie *conejo con caracoles*, Kaninchen mit Schnecken, beziehungsweise die Varianten *caracoles a la patarrallada* und *caracoles a la llauna*. Ein Hochgenuss in einer für Wildbret *(perdices con coles)*, vor allem aber für ausgezeichnetes Geflügel bekannten Region ist der weihnachtliche *pavo relleno a la catalana*. In der Umgebung von Lerida, wo es die besten Salamisorten und Wurstwaren im Allgemeinen gibt, wie *xolis, girella* und *confitat*, in Schmalz konserviertes Schweinefleisch (ähnlich wie das französische *confit* mit Gänsefleisch), liebt man kräftige einfache Mahlzeiten, Reis und Wild. Tarragona, die römische Hauptstadt des *Hispania Tarraconensis* in der Nähe der Ebro-Mündung, verlockt uns auf der einen Seite mit seiner Seeküche, die nach den *gambas en salsa romesco* noch den unbeschreiblichen *arros negre* und *pataco*, Thunfisch mit Mollusken und Gemüse bereithält, und auf der anderen Seite mit einer Festlandküche, in der es ganz herrlich nach *conejo al estilo tarraconense* duftet.

Barcelona: die märchenhaften Fialen der "Sagrada Familia", eines Meisterwerkes von Antoni Gaudí. Oben, Panorama der Stadt, und auf vorstehender Seite die Plaça Portal de la Pau.

Zum Schluss noch eine Lobrede auf die weltberühmten katalanischen Weine, die in den Weingegenden Ampurdán, Alella, Penedès, Priorato und Costers del Segre hergestellt werden. Hier, wo man seit Urzeiten Wein trinkt, ist man so vertraut mit dem Bacchus-Nektar, dass man ihn nicht aus einem gewöhnlichen Glas trinkt, sondern aus einem *porrón*, einem gießkannenartigen Gefäß mit einem langen Ausgießer, aus dem das kostbare Nass direkt fröhlich in

den Hals des geschickten Trinkers rinnt. Zu den renommiertesten Weinen gehören seit altersher die Erzeugnisse des Priorato, der Gegend um Tarragona mit felsigem, schieferhaltigem Boden, wo der Wein von den Römern eingeführt wurde und im Mittelalter von den Mönchen der zahlreichen umliegenden Klöster auf natürlichen und künstlich angelegten Terrassen angebaut wurde. Dank des kühlen und gemäßigten Klimas liefern die Reben robuste Weine mit 14 bis 20 Grad Alkoholgehalt und einem besonderen "mineralhaltigen" Charakter. Neben den Rotweinen, die zu den Besten der Welt zählen, werden hervorragende Weißweine mit der typischen Strohfarbe und einem intensiv fruchtigen Aroma, das an Gebirgskräuter erinnert, sowie Roséweine und Dessertweine erzeugt. Ein wenig weiter nördlich finden wir, zwischen Tarragona und Barcelona, die Weine des Penedès. Sie stammen von Reben, über die der zur mächtigen Bastion Montserrat hinaufwehende Seewind streicht. Auch hier wird dank der Römer und der mühevollen Arbeit der Benediktiner- und Zisterziensermönche seit Urzeiten Wein produziert. Hervorragende Tropfen sind vor allem die jungen, springlebendigen Weißweine, daneben heute aber auch edle Rotweine, die oft in *barriques* ausreifen und eine so hochstehende Küche wie die katalanische würdig untermalen. Und zum Abschluss? Ein Hoch auf Ihre Gesundheit mit einem Glas schäumendem *cava* aus San Sadurni d'Anoia, der dem französischen Champagner in nichts nachsteht.

Hinweis

Unsere Rezepte werden, vor allem, wenn die Zubereitung ein wenig mehr Aufmerksamkeit erfordert, zum besseren Verständnis durch eine Fotoreihe erläutert. Wir möchten Ihnen raten, zunächst die Zutatenliste (einschließlich der Angaben in Bezug auf Vorbereitungs- und Garzeiten, Schwierigkeitsgrad, Geschmacksrichtung und Diätwerte) im Einzelnen durchzugehen und dann das Rezept mit den jeweiligen Arbeitsschritten genau zu studieren, bevor Sie sich ans

Das höchst originelle Dalí-Theatermuseum in Figueres. Oben die Casa Batlló von A. Gaudí in Barcelona.

Werk machen. Und, wie immer, guten Appetit!
Zum Schluss noch eine technische Bemerkung. Mit dem Ausdruck "Paprikapulver", sowohl in der Zutatenliste als auch im Text der Rezepte, haben wir den Begriff *pimentón* wiedergegeben, der ein nicht unbedingt sehr scharfes Gewürz bezeichnet, das aus getrockneten und gemahlenen Paprika- oder Chilischoten der Sorte *capsicum annuum* hergestellt wird. Die schöne rote Farbe dieser Schote ist so intensiv wie ihre Würze. In Katalonien und in ganz Spanien findet man sie sowohl *fuerte* (scharf) als auch *dulce* (edelsüß) - die Verwendung hängt ganz vom persönlichen Geschmack oder von den regionalen Gewohnheiten ab. Es handelt sich um eine echte Zutat, die für das Gelingen der Rezepte unerlässlich ist, und nicht um einen bloßen "Akzent", der dem Gericht den gewissen Pfiff verleiht. In Englisch sprechenden Ländern wird das Wort mit *Paprika* übersetzt, doch ist damit nicht der ungarische Paprika gemeint, der aus indischen Paprikasorten mit kleiner Frucht und scharfem Aroma gewonnen wird. *Pimentón* wird aus Varietäten der Neuen Welt hergestellt. Dennoch kann man diesen edelsüßen oder scharfen Paprika, wie auch Paprikapulver aus Bio-Läden, trotz der Unterschiede in Geschmack, Farbe und gastronomischer Ergiebigkeit als Ersatz für *pimentón* verwenden. Weitere Hinweise über Zutaten und typisch katalanische Erzeugnisse, etwa die berühmte *butifarra*, sind im Folgenden am Fuß der jeweiligen Rezepte angegeben.

Malerischer Winkel an der Costa Brava.

DIE MEINUNG DES DIÄTFACHMANNS

*Die katalanische Kost ist praktisch mit der mediterranen Küche gleichzusetzen. Hier werden die verschiedenen Komponenten in einem ausgewogenen Gleichgewicht in typisch iberischen Eintopfgerichten kombiniert: Reis oder Hartweizennudeln (*fideua *und* fideos*), die reich sind an komplexen Kohlenhydraten oder Stärke aus diesen Getreidearten (sie stellen den Hauptanteil des vorwiegend zuckerhaltigen täglichen Kalorienbedarfs, ca. 55-60%), Gemüse (frisch und gekocht, sorgt es für die Zufuhr von 20-25 g Fasern pro Tag, vor allem die sogenannten unlöslichen), Extravergine-Olivenöl (wichtigster und fast einziger Fettlieferant der mediterranen Kost, vor allem von Ölsäure, die sich auf Arterien und Herz wohltuend auswirkt), Fleisch, vorwiegend helles Fleisch (insbesondere Kaninchen und Huhn, die andere Fettsäuren enthalten, die sog. mehrfach ungesättigten Fettsäuren, die für den Blutkreislauf gut sind), aber auch Fisch (vor allem in den Küstengebieten); geringer ist der Anteil der täglichen Proteinzufuhr (ca. 15%), wogegen häufig Gebrauch gemacht wird von pikanten Saucen, ein Erbe aus der Vergangenheit, als man zu Gewürzen griff, um das Verderben der Speisen zu verhindern. Gewürze sind ein ausgezeichnetes Konservierungsmittel, die im gesamten Mittelmeerraum Verwendung finden. Wie in allen südeuropäischen Ländern kann man Unterschiede feststellen zwischen den traditionellen Gerichten der Küstengebiete und des Landesinneren, aber abgesehen von Abweichungen in den Zutaten ist die katalanische Kost eindeutig der mediterranen Küche zuzurechnen.*

VERZEICHNIS DER REZEPTE

Barcelona: der Parc Güell, der Treppenaufgang zum Saal der Hundert Säulen.

Die Jachthäfen und modernen Hotels an der Costa Brava.

TAPAS UND VORSPEISEN

Alle Verlockungen
der berühmten Tapa Bars in Barcelona,
wie die weltberühmten patatas bravas,
knusprige kleine Pizzen, delikate Salate,
unwiderstehliche Gambas,
eins nach dem anderen ein Hochgenuss,
der beim Plaudern den Appetit anregt.

1

AMANIDA

Katalanischer Salat ▶

1 Endiviensalat
2 Selleriestangen
2 Schalotten (junge Zwiebeln)
2 Eier
100 g *butifarra* (am Stück, siehe Seite 22)
50 g magerer Schinken (am Stück)
2-3 Anchovis (gepökelt oder in Öl eingelegt)
Alioli (siehe Rezept *Suquet de pescado* auf S. 72)
Essig
Salz

Portionen: 6-8
Vorbereitungszeit: 20′
Kochzeit: 10′
Schwierigkeitsgrad: ●
Geschmacksrichtung: ●●
Kalorien (pro Portion): 188
Proteine (pro Portion): 7
Lipide (pro Portion): 16
Nährwert: ●●

Die Eier kalt aufsetzen und nach dem Aufkochen 7 Minuten hart kochen, abschrecken, ein wenig abkühlen lassen und pellen. Die Anchovis unter fließend kaltem Wasser abbrausen (wenn sie in Öl eingelegt sind, gut abtropfen lassen), den Kopf abschneiden, entgräten, filetieren und beiseite stellen.
Das Gemüse putzen, waschen und kochfertig vorbereiten. Den Endiviensalat klein schneiden und mit den Zwiebelringen, dem dünn geschnittenen Sellerie und den Schinkenwürfeln in eine Salatschüssel geben. Den Salat mit einer Prise Salz und einem Tropfen Essig anrichten und untereinander mischen. Die gehackten Anchovis und die zerbröckelte *butifarra* zufügen und mit hartgekochten Eierscheiben garnieren. Zu dem Salat ein Schüsselchen mit *alioli* reichen. Jeder Tischgast dippt seinen Salat nach Belieben in die pikante Knoblauch-Mayonaise.

Dieser Salat, den man als Vorspeise oder zusammen mit vielen anderen* Tapas *servieren kann, schmeckt im Sommer, in entsprechend größeren Mengen natürlich, auch köstlich als Hauptgericht.

PAN AMB TOMAQUET

Brot mit Tomate

4 große Scheiben hausbackenes Brot vom Vortag
2 reife Fleischtomaten
4 Knoblauchzehen
Salz
Olivenöl

Portionen: 4
Vorbereitungszeit: 10′
Kochzeit: ●
Schwierigkeitsgrad: ●●●
Kalorien (pro Portion): 267
Proteine (pro Portion): 5
Lipide (pro Portion): 11
Nährwert: ●●

Die Knoblauchzehen abziehen und damit die Brotscheiben von beiden Seiten einreiben. Die Tomaten waschen, halbieren und entkernen. Mit den Tomatenhälften alle Brotscheiben von einer Seite bestreichen. Jede Schnitte mit einer Prise Salz und einem reichlichen Guss Öl würzen und in vier Häppchen schneiden. Dieses Tomatenbrot kann man als einfache und appetitanregende Vorspeise servieren, eignet sich aber auch als Imbiss am Nachmittag.
Wichtig ist dabei, dass feinstes Öl und fleischige Tomaten verwendet werden. Man kann auch noch eine Scheibe Schinken oder zarte Anchovis drauflegen: ein altes Frühstücksrezept aus Cadaqués oder Escala am Golfo di Roses.

COQUETES CON SAMFAINA

Gemüsefladen

120 g Thunfisch (in Öl)
Schwarze und grüne Oliven (in Salzlake)
Eingelegte Kapern
Salz und Pfeffer
Olivenöl

Für den Teig
400 g Mehl
20 g Bierhefe

Für die samfaina
1 Aubergine
1 grüne Paprikaschote
1 Zucchino
1/2 Zwiebel
2 Knoblauchzehen
2 reife Tomaten

Portionen: 8
Vorbereitungszeit: 25'+2h
Kochzeit: 40'
Schwierigkeitsgrad: ●●●
Geschmacksrichtung: ●●●
Kalorien (pro Portion): 378
Proteine (pro Portion): 11
Lipide (pro Portion): 17
Nährwert: ●●●

1 Das Mehl mit einer Prise Salz in eine breite Schüssel sieben und in der Mitte eine Vertiefung machen. Die in etwas lauwarmem Wasser aufgelöste Hefe hineingeben und mit 2-3 Esslöffel Öl und entsprechend Wasser entweder von Hand oder mit dem Rührgerät zu einem festen, glatten Teig verkneten. Eine Kugel formen, mit einem Tuch zudecken und 2 Stunden ruhen lassen.

2 Eine halbe Stunde vor der Zubereitung der *samfaina* die Aubergine streifig schälen, in Scheiben schneiden und auf einem Teller aufschichten. Jede Lage mit Salz bestreuen und alles mit einem Gewicht beschweren, damit der bittere Gemüsesaft austreten kann. Den Paprika, die Tomaten und den Zucchino putzen. Die Auberginenscheiben abbrausen, trockentupfen und in Würfel schneiden.

3 Den abgezogenen Knoblauch, die Zwiebel- und Paprikastreifen mit 4-5 Esslöffel Öl in einer Kasserolle glasig andünsten. Die Auberginenwürfel zufügen und mit einer Prise Salz und Pfeffer würzen. Nach 5-6 Minuten auch die Tomatenstücke und die Zucchinischeibchen hineingeben. Zudecken, die Flamme herunterdrehen und 15 Minuten sacht köcheln lassen. Dann den Deckel abnehmen und den Sud eindicken lassen.

4 Den Teig mit dem Nudelholz 3-4 mm dick ausrollen. Mit einem Förmchen oder einem Glas etwa 20 Kreise (Durchmesser 10 cm) ausstechen. Die *samfaina* darauf verteilen und in einer geölten Viereckpfanne aufreihen. In den auf 200 °C vorgeheizten Backofen schieben und 20 Minuten backen. Die fertigen *coquetes* herausnehmen, mit Oliven, Kapern und Thunfischstückchen garnieren und mit anderen *tapas* warm servieren.

1

2

3

4

GAMBAS EN SALSA *ROMESCO*

Garnelen in pikanter Sauce

1

2

1 Die Garnelen in leicht gesalzenem Salzwasser 5-6 Minuten abkochen, abgießen und auf einer mit Petersilienblättchen garnierten Platte anrichten. Zahnstocher dazulegen, mit denen jeder Tischgast die Garnelen aufspießen und in die Sauce dippen kann.

2 Die Mandeln und Haselnüsse etwa zehn Minuten bei 160 °C im Backofen rösten, herausnehmen, lauwarm abkühlen lassen und abziehen. Die getrockneten Paprikaschoten mit 5-6 Esslöffel Öl in der Pfanne sautieren, herausheben und auf Küchenkrepp abtropfen lassen. In dem gleichen Öl die Mandeln und die Haselnüsse goldgelb rösten, herausnehmen und ebenfalls abtropfen lassen. Zum Schluss auch die Brotkrume in dem verbliebenen Öl rösten, herausnehmen und auf Küchenkrepp abtropfen lassen.

3 Die sautierten Paprikaschoten abziehen und das Fruchtfleisch mit den Mandeln, den Haselnüssen, dem Brot und dem abgezogenen Knoblauch im Mörser zerstoßen (oder im Mixer pürieren). Die Farce in ein Schüsselchen füllen und mit einer Messerspitze scharfem Paprikapulver, einer Prise Salz und Pfeffer und ein paar Tropfen Essig würzen.

3

4 Soviel Öl tropfenweise langsam in die Farce einlaufen lassen und verrühren, bis eine dicke cremige Dip-Sauce entsteht. Die Sauce eine Stunde in den Kühlschrank stellen und zu den Garnelen servieren.

4

Der Romesco-Dip schmeckt auch vorzüglich zu hellem und dunklem Fleisch, Fisch und Gemüse. Durch Zugabe von mehr Öl wird die Sauce zu einem hervorragenden Salat-Dressing, das sich auch als Würze für gedünstete Mollusken und Krustentiere eignet. Anstatt der milden getrockneten Pfefferschoten (die außerhalb von Spanien oft nicht erhältlich sind) kann man eine große rote Paprikaschote nehmen, im Backofen grillen und abziehen. Die Sauce erhält mit der Zugabe von scharfem Paprika eine pikante Note, und wird dagegen gemildert, wenn man das Fruchtfleisch einer reifen Tomate zufügt.

500 g gepulte Garnelen
(mit Schwanz)
Petersilie (zum Garnieren)
Salz und Pfeffer

Für die Romesco-*Sauce*
2 getrocknete milde
Paprikaschoten
(s. S. 14)
60 g Mandeln
und Haselnüsse
3-4 Knoblauchzehen
Scharfes Paprikapulver
(*pimentón fuerte*)
Brotkrume von einer
Scheibe altbackenem Brot
Essig
Olivenöl

Portionen: 6-8
Vorbereitungszeit: 20′+1h

Kochzeit: 20′
Schwierigkeitsgrad: ●
Geschmacksrichtung: ●●●
Kalorien (pro Portion): 256
Proteine (pro Portion): 15
Lipide (pro Portion): 16
Nährwert: ●●●

PATATAS BRAVAS

Kartoffeln in pikanter Sauce

5-6 (mittelgroße) Kartoffeln
1 Zwiebel
2 Knoblauchzehen
3 reife Tomaten
1 getrocknete rote Paprikaschote
1/2 Zitrone
Trockener Weißwein
Salz
Olivenöl

Portionen: 6
Vorbereitungszeit: 20′
Kochzeit: 30′
Schwierigkeitsgrad: ●●
Geschmacksrichtung: ●●●
Kalorien (pro Portion): 297
Proteine (pro Portion): 5
Lipide (pro Portion): 11
Nährwert: ●●●

1 Die Kartoffeln schälen, waschen, abtrocknen, in gleichmäßige Würfel schneiden und mit 4-5 Esslöffel Öl unter Umrühren (ca. eine Viertelstunde) in der Pfanne sautieren, bis sie goldgelb sind. Mit einem Schaumlöffel herausnehmen und auf Küchenkrepp abtropfen lassen.

2 Die fein gehackte Zwiebel in 2-3 Esslöffel Öl leicht andünsten, den abgezogenen und gehackten Knoblauch, die entkernte und klein geschnittene Paprikaschote und die Tomatenstücke zufügen. Ein halbes Glas Wein darüber gießen und unter Umrühren etwa zehn Minuten ziehen lassen.

1

3 Die Kartoffeln hineingeben und mit Zitronensaft und einer Prise Salz würzen. Die Flamme hochdrehen, damit die Sauce eindickt und die Kartoffeln rundum mit der Tunke überzogen sind. Am besten schmecken sie heiß, auch in Verbindung mit anderen *tapas*. Partystäbchen dazu reichen, damit sich jeder selbst bedienen kann.

Barcelona, Plaça de Catalunya.

2
3

Xato

Salat aus Tarragona

1 großer Kopfsalat
2 Selleriestangen
2 reife Tomaten
4-5 Knoblauchzehen
1 getrocknete milde Paprikaschote (s. S. 14)
60 g Mandeln und Haselnüsse
1 Strauß Petersilie
Schwarze und grüne Oliven (kleine, zum Garnieren)
Essig
Salz
Olivenöl

Portionen: 6
Vorbereitungszeit: 20'+1h30'
Kochzeit: 10'
Schwierigkeitsgrad: ●
Geschmacksrichtung: ●●●
Kalorien (pro Portion): 226
Proteine (pro Portion): 4
Lipide (pro Portion): 21
Nährwert: ●●

1 Die Paprikaschote eine halbe Stunde vorher einweichen (anstatt der getrockneten Paprikaschote kann man einen Esslöffel edelsüßes Paprikapulver oder in etwas Wasser aufgelöstes *pimentón dulce* verwenden). Die Mandeln und Haselnüsse 3-4 Minuten in kochendem Wasser brühen, abgießen und abziehen.

2 Das Gemüse putzen, waschen und küchenfertig vorbereiten. Vor allem den Salat gut waschen, schleudern und den Strunk entfernen. Die äußeren Blätter nicht wegwerfen, sondern der Länge nach halbieren. Mindestens 12 dieser Blätter werden als Salatbett für jede Portion *xato* benötigt.

1

2

3 Die Tomaten und die Knoblauchzehen im Ofengrill braten, herausnehmen, von beiden die Schale abziehen und zusammen mit dem abgetropften und entkernten Paprika, den Mandeln, den Haselnüssen und der Petersilie im Mörser zerstoßen (oder im Mixer pürieren). Die Farce in eine Schüssel füllen und mit einer Prise Salz, 4-5 Esslöffel Öl und ein paar Tropfen Essig würzen.

3

4

4 Sollte die Sauce zu dick sein, kann man sie mit ein wenig Wasser verdünnen. Dann das Dressing über den klein geschnittenen Salat und den in feine Streifchen geschnittenen Sellerie gießen. Alles gut vermischen und eine Stunde ruhen lassen. Noch einmal mischen und auf den kleinen Salatbetten verteilen. Mit Oliven garnieren und mit anderen *tapas* oder Vorspeisen servieren.

1 kg Scampi
4-5 frische Chilischoten
1 Knoblauchknolle
Salz und Pfeffer
Olivenöl

Portionen: 8
Vorbereitungszeit: 15′
Kochzeit: 3′
Schwierigkeitsgrad: ●
Geschmacksrichtung: ●●●
Kalorien (pro Portion): 237
Proteine (pro Portion): 20
Lipide (pro Portion): 16
Nährwert: ●●●

Cigalas al ajo

Scampi in Knoblauchöl

1 Die Scampi pulen (Panzer und Darmtrakt entfernen), waschen und trockentupfen. Die Chilischoten waschen, Stiel und Kerne entfernen, trockentupfen und klein schneiden (bei Verwendung von getrockneten Chilischoten nur die Kerne entfernen). Zum Schluss die Knoblauchzehen häuten und der Länge nach vierteln.

2 Die Scampi, die Chilischoten und den Knoblauch in 5-6 Esslöffel Öl drei Minuten in der Pfanne sautieren, salzen und pfeffern. Sofort servieren.

REIS, NUDELN UND SUPPEN

Arroz, fideos *und* sopas
Köstlich gefüllte
und delikate Teigröllchen,
Nudeln und Reis
mit Fisch und Meeresfrüchten,
oder Fleisch, Gemüse und Wurstwaren:
Rezepte - eines unwiderstehlicher
als das andere. Aber Vorsicht,
es handelt sich nicht eigentlich
um Vorspeisen,
sondern eher um Eintopfgerichte,
die man allenfalls
durch einen Salat ergänzt.
Wir haben Sie gewarnt!

2

Arros amb crosta

Reisauflauf

500 g Auflaufreis
6 Eier
120 g *butifarra* (siehe unten)
150 g Fleischreste (helles oder dunkles Fleisch, gekocht)
100 g mageres Schweinefleisch
2 reife Tomaten
100 g Kichererbsen (gekocht)
1,5 l Hühner- oder Gemüsebrühe (mit Brühwürfel oder Granulat)
1 Tütchen Safran
Salz und Pfeffer
Olivenöl

Portionen: 6
Vorbereitungszeit: 15'
Kochzeit: 40'
Schwierigkeitsgrad: ●●
Geschmacksrichtung: ●●
Kalorien (pro Portion): 739
Proteine (pro Portion): 31
Lipide (pro Portion): 33
Nährwert: ●●●

1 Die *butifarra* in Scheiben schneiden und in einem (feuerfesten) Terrakottatopf mit 5-6 Esslöffel Öl unter ständigem Wenden von beiden Seiten anrösten. Die Wurstscheiben mit einem Pfannenheber herausnehmen, das Öl abtropfen lassen und warm stellen. Die gewaschenen und klein geschnittenen Tomaten zusammen mit dem gewürfelten Schweinefleisch in dem restlichen Öl andünsten. Nach 4-5 Minuten den Reis zugeben und die warme Brühe darübergießen. Mit Salz und Pfeffer würzen, den Safran zufügen und umrühren.

2 Alles aufkochen lassen, die Flamme auf die kleinste Stufe herunterdrehen und die geröstete *butifarra*, die Fleischreste und die Kichererbsen hineingeben. Das Gericht sacht kochen lassen – ab und zu umrühren – bis der Reis (nach etwa einer Viertelstunde) gar, aber noch kernig ist. Die Kasserolle vom Herd nehmen und den Reis glatt streichen. Die Eier mit einer Prise Salz verquirlen und über den Reis geben. Die Kasserolle in den Backofen schieben und das Reisgericht bei 200° C gratinieren.

Butifarra *ist eine typische Wurst aus Katalonien und der Levante, die man aber heute in ganz Spanien bekommt. Mit* butifarra blanca *bezeichnet man eine rundliche feste Wurst aus Schweinemett (Lende und Bauchspeck) und - manchmal - Zwiebel, die mit Knoblauch, Zimt, Nelke und Wein gewürzt ist. Sie eignet sich besonders als Pfannengericht oder als Grillwurst. Die weniger bekannte* butifarra negra *ist eine mit gemahlenen Minzeblättern gewürzte Blutwurst.*

1

2

Arros a banda

Reis mit Fisch

Die Scampi waschen und abtrocknen. Die Zwiebeln häuten und den Knoblauch abziehen. Die Tomaten waschen und entkernen. Die Fische kochfertig zurichten. Gräten Flossen und Knorpel aufheben. Die Muscheln abkratzen und bürsten, in einen breiten flachen Topf geben und mit einem Guss Wasser aufsetzen. Den Topf zudecken, die Muscheln auf schwacher Flamme aufgehen lassen und in dem Muschelwasser warm stellen (Muscheln, die sich nicht öffnen, wegnehmen).
Die Fischabfälle in einem Topf mit ca. 2,5 l kaltem Wasser, Zwiebelstreifen, einer zerkleinerten Tomate, dem Gewürzsträußchen und einer Prise Salz aufsetzen, zudecken, zum Kochen bringen und 45 Min. weiterkochen lassen. Die Brühe filtrieren, das Suppengrün, das Gewürzsträußchen und die Fischabfälle herausnehmen, dann die Brühe noch einmal kurz aufkochen. In der Fischbrühe die Scampi 3-4 Min. abkochen, abtropfen lassen und warm stellen. Dann die Fische hineingeben und ca. 10 Min. kochen lassen. Herausnehmen, abtropfen lassen und ebenfalls warm stellen.
Die andere Zwiebel mit dem Knoblauch fein hacken und mit 4-5 Esslöffel Öl in einem feuerfesten Topf andünsten, die zweite klein gewürfelten Tomaten hineingeben, durchziehen lassen, den Reis hinzufügen und auf starker Flamme unter Umrühren anrösten. In dem Muschelwasser den Safran auflösen und damit den Reis löschen. Vorsichtig mit Salz abschmecken, und den Reis 15 Min. auf mittlerer Flamme quellen lassen. Ab und zu einen Kochlöffel Brühe nachgießen. Dann die feuerfeste Form 10 Min. in den auf 200 °C vorgeheizten Backofen geben. Den Reis mit Muscheln und Scampi garnieren. Den Fisch mit der *Alioli* Sauce ge trennt servieren.

400 g Reis für Risotto
ca. 1 kg Weißfische aus dem Mittelmeer (Seebarsch, Meeräsche, Kaulbarsch, Froschfisch, Seeschwalbenfisch oder Drachenkopf, Meerbrasse usw.)
6 schöne Scampi
2 Dutzend Miesmuscheln
2 Zwiebeln
2 Knoblauchzehen
2 reife Tomaten
1 Gewürzsträußchen (Lorbeer, Oregano, Petersilie und Thymian)
1 Tütchen Safranpulver
Alioli-Sauce (s. S. 72) als Beilage
Salz und Pfeffer
Olivenöl

Portionen: 6
Vorbereitungszeit: 30'
Kochzeit: 1h30'
Schwierigkeitsgrad: ●●●
Geschmacksrichtung: ●●●
Kalorien (pro Portion): 477
Proteine (pro Portion): 32
Lipide (pro Portion): 12
Nährwert: ●●

Die Costa Brava.

ARROS NEGRE AMB ALL I OLI

Schwarzer Reis mit Knoblauchsauce und Öl

1 Die Miesmuscheln abkratzen, den "Bart" abreißen, waschen und mit einem Guss Wasser bei geschlossenem Topf auf starker Flamme aufgehen lassen. Sobald sich die Muscheln geöffnet haben (Muscheln, die nicht aufgehen, wegnehmen), den Topf von der Herdstelle nehmen, das Muschelwasser aufheben und die Muscheln aus den Schalen herauslösen. Die Schalen wegwerfen und das Muschelfleisch beiseite stellen.

2 Die Kalmare (oder kleinen Sepien) zurichten, die Eingeweide herausnehmen (4-5 Tintenblasen aufheben), und sorgfältig abbrausen. Kleine Tiere ganz lassen, größere in Stücke schneiden, d.h. die Fangarme vom Rumpf abtrennen. Das Gemüse putzen und kochfertig zubereiten. Die gehackte Zwiebel und die zerkleinerte Paprikaschote mit 5-6 Esslöffel Öl in einer Kasserolle andünsten und auf mittlerer Flamme 3-4 Min. rösten.

3 Die gewaschenen Tomaten hinzufügen. Nach 4-5 Min. das filtrierte Muschelwasser zugießen, die Flamme auf kleinste Stufe stellen und das Gericht ca. 20 Min. verkochen lassen. Den Reis und ca. einen halben Liter lauwarmes Wasser zugießen. Den Reis unter gelegentlichem Umrühren gar kochen und, wenn nötig, noch warmes Wasser hinzufügen.

Barcelona, die Casa Milá oder "La Pedrera", ein Bauwerk von Antoni Gaudí.

250 g Reis für Risotto ca. 500 g kleine Kalmare oder Sepien 500 g Miesmuscheln 100 g Garnelenschwänze 1 Zwiebel 1 grüne Paprikaschote	150 g Kirschtomaten 3 Knoblauchzehen 1 rote frische Paprikaschote Trockener Weißwein Salz Olivenöl	Portionen: 4 Vorbereitungszeit: 25′ Kochzeit: 1h Schwierigkeitsgrad: ●●● Geschmacksrichtung: ●● Kalorien (pro Portion): 534	Proteine (pro Portion): 31 Lipide (pro Portion): 14 Nährwert: ●●

4 In der Zwischenzeit die Sauce zubereiten. Die abgezogenen Knoblauchzehen mit einer Prise Salz im Mörser zerstoßen, in eine Schüssel geben und ein Glas Öl hineinrühren. Nach einer Viertelstunde ist der Reis gar; die zurückbehaltene Tintenflüssigkeit in einem halben Glas Weißwein auflösen und alles umrühren. Nach circa 5 Min. den kernig gekochten Reis abgießen und vom Feuer nehmen. Die aus den Schalen herausgelösten Muscheln und die Garnelenschwänze hinzufügen, einen Esslöffel Sauce darüber geben und alles vorsichtig umrühren. Die restliche Sauce in einem Schüsselchen separat zu dem Reis reichen.

4

FIDEOS A LA CATALANA

Spaghetti mit pikanter Wurst ▶

Die Rippchen in Stücke hacken und in dem zerlassenen Schmalz in einer Kasserolle (wenn möglich, aus Terrakotta) anbraten. Sobald sie goldbraun sind, die fein gehackte Zwiebel zugeben und darin glasig andünsten. Die gewaschenen und entkernten Tomatenstücke und eine Teelöffelspitze Paprikapulver zufügen und 4-5 Minuten ziehen lassen. Die zerkleinerte Wurst, die in Scheibchen geschnittene *butifarra* und die Brühe hineingeben. Alles aufkochen lassen und die Nudeln zufügen, dann die Flamme auf kleinste Stufe stellen. Die Haselnüsse, Mandeln und Pinienkerne mit dem Knoblauch, dem Safran, einer Messerspitze Zimt, der Petersilie und zwei Esslöffel Paniermehl im Mörser zerstoßen (oder im Mixer pürieren). Die Paste mit ein wenig Brühe verlängern und in den kochenden Eintopf geben. Die Kasserolle von der Herdstelle nehmen, und sobald die Nudeln bissfest sind, das köstliche Gericht auftragen. Nach Belieben mit blättrig geriebenem Hartkäse bestreuen.

400 g Reis
1 Hühnchenbrust
1/2 Kaninchen
600 g Schweinerippchen
3 Schweinswürstchen
250 g *butifarra blanca* (s. S. 22)
2 Dutzend Venusmuscheln
2 Kalmare
1 Zwiebel
2 reife Tomaten
Edelsüßes Paprikapulver (*pimentón dulce*)
2 Knoblauchzehen
Die Schale von einer halben Zitrone
1 Sträußchen Petersilie
1/2 Liter Gemüsebrühe
Salz und Pfeffer
Olivenöl

Portionen: 6
Vorbereitungszeit: 20'
Kochzeit: 40'
Schwierigkeitsgrad: ●●
Geschmacksrichtung: ●●
Kalorien (pro Portion): 617
Proteine (pro Portion): 34
Lipide (pro Portion): 28
Nährwert: ●●●

ARROS A LA CATALÀ

Reis auf katalanische Art

Die Zwiebel häuten, die Tomaten waschen, aufschneiden und die Kerne entfernen. Die Kalmare zurichten, d.h. den Knorpel, die Tintenblasen, Augen und Mundapparat entfernen. Die Rumpfteile in Ringe schneiden, die Fangarme klein hacken. Die Venusmuscheln wässern und mehrmals kalt waschen, dann in einen breiten Topf geben, knapp mit Wasser bedecken und bei schwacher Hitze aufgehen lassen (geschlossene Muscheln wegnehmen). Die Hühnerbrust in feine Streifen schneiden. Das Kaninchen zerkleinern (darauf achten, dass die Knochen nicht zersplittert werden). Die Hühnerbrust, das Kaninchen und die zerkleinerten Rippchen mit 5-6 Esslöffel Öl in eine Kasserolle geben, die fein gehackte Zwiebel und die mit Salz und Pfeffer gewürzten Kalmare zufügen und unter Umrühren sacht andünsten. Nach 7-8 Min. die gewürfelten Tomaten, die *butifarra* und die zerkleinerten Würstchen hinzufügen. Alles noch einmal 6-7 Min. durchziehen lassen, dann den Reis mit einem Teelöffel *pimentón* bestreuen und auf starker Flamme anrösten. Ein paar Schöpflöffel kochend heiße Brühe zugießen, umrühren, noch einmal mit Salz abschmecken und alles zum Kochen bringen. Petersilie und Knoblauch fein hacken und nach 10 Min. mit den Venusmuscheln in den Topf geben. Nach weiteren 10 Min., den Topf von der Herdstelle nehmen, das Reisgericht mit abgeriebener Zitronenschale bestreuen und servieren.

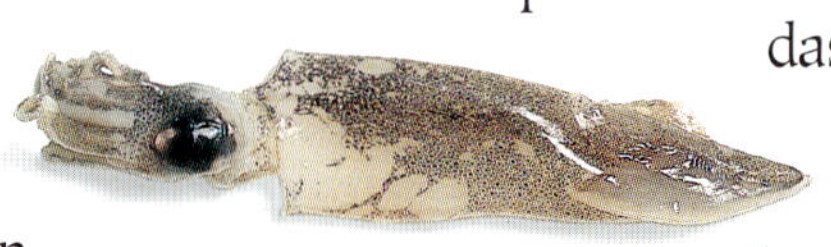

350 g *fideos* (dünne Spaghetti) 200 g Schweinerippchen 1 Paprikawurst 100 g *butifarra* (vgl. S. 22) 1 Zwiebel	2 reife Tomaten 1 Knoblauchzehe Zimt und Paprikapulver 1 Sträußchen Petersilie 1,5 l (fertige) Hühnerbrühe 1 Tütchen Safran	1 Esslöffel Haselnüsse, Mandeln und Pinienkerne (entkernt und abgezogen) Paniermehl 30 g Schmalz	Hartkäse zum Reiben (nach Belieben) **Portionen: 4** **Vorbereitungszeit: 20'** **Kochzeit: 30'** **Schwierigkeitsgrad: ●●**	**Geschmacksrichtung: ●●** **Kalorien (pro Portion): 762** **Proteine (pro Portion): 33** **Lipide (pro Portion): 36** **Nährwert: ●●●**

400 g *Fideos*
(Spaghetti, Maccheroni oder lange Fusilli)
400 g Froschfisch
(ein gehäutetes Stück)
6 Scampi
(oder Riesengarnelen)
1 Zwiebel
4 reife Tomaten
2 Knoblauchzehen
Scharfes Paprikapulver
(*pimentón fuerte*)
ca. 1/2 Liter Fischbrühe
(Fertigpräparat)
1 Sträußchen Petersilie
Krause Petersilie
(zum Garnieren)
1 Tütchen Safran
Salz und Pfeffer
Olivenöl

Portionen: 4-6
Vorbereitungszeit: 15'
Kochzeit: 30'
Schwierigkeitsgrad: ●●
Geschmacksrichtung: ●●●
Kalorien (pro Portion): 549
Proteine (pro Portion): 30
Lipide (pro Portion): 18
Nährwert: ●●

FIDEUA

Nudel-Paella mit Fisch ▶

Die Zwiebel häuten, die Tomaten waschen, aufschneiden und die Kerne entfernen. Die Scampi waschen, abtrocknen und in siedendem Öl in der Paellapfanne (*paellera*) (s. S. 46) kurz sautieren. Nach 3-4 Min. herausnehmen, abtropfen lassen und warm stellen. Im gleichen Öl den in Portionen geschnittenen Froschfisch mit den Zwiebelstreifen auf niedriger Flamme unter Umrühren sacht anrösten. Sobald der Fisch Farbe angenommen hat, die zusammen mit dem Knoblauch fein gehackte Petersilie, die gewürfelten Tomaten, Salz, Pfeffer und einen Esslöffel *pimentón* zugeben und unter Umrühren durchziehen lassen.
Nach 5-6 Min. die *fideos* in der Pfanne über dem Gericht verteilen, ohne dass die Nudeln übereinander liegen. Mit kochender Brühe (vorher den Safran darin auflösen) übergießen, aufkochen lassen und auf mittlerer Flamme 10-12 Min. garen lassen. Nach Bedarf ab und zu ein wenig Brühe nachgießen. Eine Minute vor Ende der Garzeit die Scampi auf der *fideua* (die trocken aussehen muss) verteilen. Die Herdstelle ausschalten, das Gericht ein paar Minuten abkühlen lassen, mit ein paar Zweiglein krauser Petersilie garnieren und in der *paellera* auf den Tisch bringen.

240 g Suppenreis
300 g frische dicke Bohnen
100 g roher Schinken
(am Stück)
(*jamón serrano*)
80 g fetter Speck
(oder Bauchspeck)
ca. 1 Liter Gemüsebrühe
Salz, Olivenöl

Portionen: 4
Vorbereitungszeit: 10'
Kochzeit: 40'
Schwierigkeitsgrad: ●
Geschmacksrichtung: ●●
Kalorien (pro Portion): 697
Proteine (pro Portion): 16
Lipide (pro Portion): 46
Nährwert: ●●●

ARROZ CON HABAS

Reis mit dicken Bohnen

Den Schinken und die Speckwürfel in einer Kasserolle mit 3-4 Esslöffel Öl leicht anrösten. Die gewaschenen und abgetrockneten Bohnen, einen halben Liter warme Brühe und Salz hinzufügen, den Topf zudecken und ungefähr eine Viertelstunde köcheln lassen. Dann den Reis einstreuen, umrühren und in der Brühe quellen lassen. Gegebenenfalls noch warme Brühe zugießen (die Suppe darf am Ende nicht zu dickflüssig sein). Nach 20 Minuten den Topf von der Herdstelle nehmen und die Suppe vor dem Servieren noch kurz ruhen lassen.

Fideos con mariscos

Spaghetti mit Meeresfrüchten

350 g *Fideos*
(dünne Spaghetti)
600 g Scampi
(oder Riesengarnelen)
500 g Venusmuscheln
1 Zwiebel
1 reife Tomate
2 Knoblauchzehen
Wildes Fenchelkraut
(auch zum Garnieren)
1 Lorbeerblatt und Petersilie
Edelsüßes Paprikapulver
(*pimentón dulce*)
1 Tütchen Safran
Trockener Weißwein
Salz und Pfeffer
Olivenöl

Portionen: 4-6
Vorbereitungszeit: 25′
Kochzeit: 1h
Schwierigkeitsgrad: ●●
Geschmacksrichtung: ●●●
Kalorien (pro Portion): 485
Proteine (pro Portion): 21
Lipide (pro Portion): 12
Nährwert: ●●●

1 Gemüse und Gewürzkräuter putzen und küchenfertig vorbereiten. Die Krustentiere waschen und in 2,5 l kochendem Salzwasser 5-6 Minuten brühen, abgießen und das Kochwasser aufheben. Die Krustentiere schälen (zwei Tiere mit Schale zum Garnieren zurückbehalten) und den Darmtrakt entfernen. Die Schalen wieder in das Kochwasser geben und zusammen mit einem Stück Zwiebel, einem Zweig Petersilie, ein paar Blättchen wildem Fenchelkraut, einem Lorbeerblatt und einem halben Glas Wein etwa eine halbe Stunde kochen lassen. Die Brühe durch ein feines Sieb laufen lassen und die Reste der Krustentiere wegtun.

2 Die Brühe in einen Topf gießen, eventuell noch etwas Wasser und Salz zufügen, aufkochen lassen und die *fideos* 4-5 Minuten darin garkochen. Dann die Nudeln abgießen.

3 In der Zwischenzeit die restliche Zwiebel fein hacken und in einer Kasserolle mit 3-4 Esslöffel Öl anrösten. Die abgezogene und zerdrückte Knoblauchzehe, die zerkleinerte Tomate, ein paar Fenchelblättchen, Salz, Pfeffer, einen Teelöffel *pimentón* und den in etwas Wein aufgelösten Safran dazugeben.

4 Die gewaschenen und abgetropften Venusmuscheln im Sud aufgehen lassen (Muscheln, die sich nicht öffnen, herausnehmen). Die abgegossenen Nudeln, ein paar Esslöffel Fischbrühe und die Scampi hineingeben, alles untereinander mischen und auf starker Flamme kurz durchziehen lassen. Vor dem Auftragen die *fideos* mit gehackter Petersilie und wilden Fenchelblättchen bestreuen.

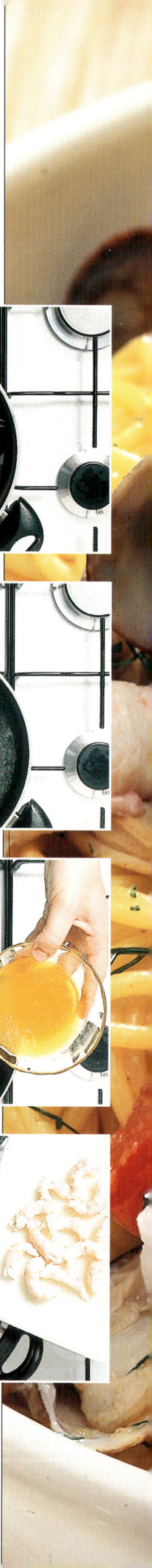

Canelones a la catalana

"Cannelloni" auf katalanische Art

350 g *Cannelloni*
(Nudelteigröhrchen, s. nebenstehend)
200 g mageres Schweinefleisch
250 g Hühnchenbrust
4-5 Hühnchenlebern
70 g magerer roher Schinken
1 Zwiebel
2-3 reife Tomaten
80 g Hartkäse *mahón* oder *manchego* (oder Parmesankäse)
Trockener Weißwein
Salz und Pfeffer
30 g Schmalz, 50 g Butter

Für die Béchamelsauce
40 g Mehl
ca. 1/2 l Milch
Muskatnuss
Salz und Pfeffer
50 g Butter

Portionen: 4
Vorbereitungszeit: 25'
Kochzeit: 1h10'
Schwierigkeitsgrad: ●●●
Geschmacksrichtung: ●●
Kalorien (pro Portion): 1202
Proteine (pro Portion): 50
Lipide (pro Portion): 65
Nährwert: ●●●

1 Die Tomaten waschen, halbieren, Kerne und Fruchtansatz entfernen und beiseite stellen. Das Schmalz in der Pfanne auslassen und die fein gehackte Zwiebel darin anrösten. Das klein geschnittene Fleisch (auch die zugerichteten, gewaschenen und trocken getupften Lebern, aber nicht den Schinken) mitrösten und mit einem halben Glas Wein löschen. Den Wein auf mittlerer Flamme verdunsten lassen, dann die Stufe herabdrehen, salzen und pfeffern und etwa zehn Minuten köcheln lassen. Das Fleisch aus dem Topf nehmen, abtropfen lassen, im Mixer fein pürieren und in einer Schüssel bereitstellen.

2 Für die Béchamelsauce die Butter in einem Töpfchen zergehen lassen und das Mehl einrühren, bis die Schmilze goldgelb geworden ist. Mit Salz, Pfeffer und abgeriebener Muskatnuss würzen. Dann unter ständigem Rühren nach und nach die Milch zugießen, bis die gewünschte Konsistenz erreicht ist. Die Sauce etwa zwanzig Minuten köcheln lassen.

3 Den Boden einer mit 20 g Butter ausgestrichenen feuerfesten Form mit Béchamelsauce bedecken. 2-3 Esslöffel Sauce unter das Hackfleisch mischen, mit der Farce die Teigröhrchen füllen, in der Gratinform aufreihen und mit der restlichen Sauce bedecken.

4 Mit Tomatenscheibchen und Schinkenwürfeln garnieren. Butterflöckchen aufsetzen, mit geriebenem Käse bestreuen und im vorgeheizten Backofen bei 180 °C eine gute halbe Stunde gratinieren.

Man findet vorgekochte "Cannelloni" heute fast überall im Handel, sodass man sie nur füllen und gratinieren braucht. Hat man keine fertigen "Cannelloni" zur Verfügung, kann man Teigplatten für Lasagne nehmen, die in kochendem Wasser kurz vorgegart werden. Dann herausheben, abtropfen lassen und auf einem sauberen Küchentuch trocknen. Mit der Farce füllen, aufrollen und den Rand festdrücken. Die fertigen "Cannelloni" dann nebeneinanander in eine feuerfeste Form legen, mit Béchamelsauce übergießen und im Backofen gratinieren. Früher gehörte in die Fleischfarce auch Lammhirn, das wir hier weggelassen haben, da möglicherweise nicht alle Tischgäste davon begeistert sind.

Das Aquarium in Barcelona.

1
2
3
4

Sopa de mejillones

Muschelsuppe

1 kg Miesmuscheln
1 Zwiebel
3-4 reife Tomaten
3 Knoblauchzehen
1 Bund Petersilie
Zimtpulver
Anislikör oder Aquavit
Geröstete Brotscheiben
(als Beilage)
Salz und Pfeffer
Olivenöl

Portionen:	**4**
Vorbereitungszeit:	**20′**
Kochzeit:	**30′**
Schwierigkeitsgrad:	**●●**
Geschmacksrichtung:	**●●●**
Kalorien (pro Portion):	**438**
Proteine (pro Portion):	**16**
Lipide (pro Portion):	**12**
Nährwert:	**●●**

1

2

3

4

1 Die Muscheln abkratzen, den "Bart" abreißen, waschen und in einen breiten Topf geben. Ein wenig Wasser zugeben und die Muscheln auf starker Flamme aufgehen lassen (geschlossene Muscheln wegnehmen). Den Topf von der Herdstelle nehmen, die Muscheln herauslösen, die Schalen wegwerfen und das Muschelwasser aufheben.

2 Die Zwiebel hacken und in einer Terrakotta-Kasserolle glasig andünsten. Die gewaschenen, entkernten und zerkleinerten Tomaten hinzufügen, mit der Gabel zerdrücken und alles eine Viertelstunde durchziehen lassen.

3 Die abgezogenen und zerdrückten Knoblauchzehen, ein Zweiglein gehackte Petersilie, eine Teelöffelspitze Zimtpulver und ein Gläschen Likör daruinter mischen. Salzen und pfeffern.

4 Zum Schluss mit dem filtrierten Muschelwasser übergießen und unter Umrühren kurz eindicken lassen. Die Herdstelle auf die niedrigste Stufe stellen und die Muscheln in den Topf geben. Nach 4-5 Min. die Flamme ausschalten. Die Suppe vor dem Servieren mit gehackter Petersilie und gerösteten Brotwürfeln bestreuen.

POTAJE A LA CATALANA

Kichererbsensuppe

350 g getrocknete Kichererbsen
100 g *butifarra blanca* (s. S. 22)
2 Eier
2-3 reife Tomaten
1 Zwiebel
1 Lorbeerblatt
30 g Pinienkerne
Salz und Pfeffer
30 g Schmalz

Portionen: 4
Vorbereitungszeit: 15′+6h
Kochzeit: 1h30′
Schwierigkeitsgrad: ●●
Geschmacksrichtung: ●●
Kalorien (pro Portion): 545
Proteine (pro Portion): 29
Lipide (pro Portion): 22
Nährwert: ●●●

Die Kichererbsen 5-6 Stunden vorher einweichen, abgießen, in einen Topf geben und mit (ca. 2 l) kaltem, schwach gesalzenem Wasser bedecken. Eine Knoblauchzehe und das Lorbeerblatt zufügen und den Topf zudecken. Die Erbsen zum Kochen bringen und auf kleiner Flamme eineinviertel Stunde kochen. In der Zwischenzeit das Gemüse putzen und die Eier 7 Minuten hart kochen, abschrecken, etwas abkühlen lassen und pellen.
Das Schmalz in einer Kasserolle zergehen lassen und die restliche, fein gehackte Zwiebel darin glasig andünsten. Die zerkleinerten Tomaten, die Pinienkerne und die in Stücke geschnittene *butifarra* hinzufügen. Mit Salz und Pfeffer würzen und unter Umrühren eine Viertelstunde sacht köcheln lassen. Die Kichererbsen und so viel von der Brühe hineingeben, wie für eine nicht zu flüssige Suppe benötigt wird. Den *potaje* auf kleiner Flamme noch eine Viertelstunde kochen lassen. Vor dem Auftragen mit hart gekochten Eierscheiben garnieren und warm servieren.

Fleisch und Geflügel

Erlesene Rezepte,
bei denen ganz unterschiedliche
Komponenten wie Languste und Huhn,
Muscheln und Schweinefleisch,
Schnecken und Kaninchen
fein kombiniert werden.
Von der traditonellen escudella
i carn d'olla *– Suppe, Hauptgericht*
und Beilage alles in einem –
bis zu dem triumphalen pavo a la catalana.
Und dabei darf natürlich
die paella *nicht vergessen werden,*
von der Katalonien eine eigene,
hervorragende Variante erfunden hat.

3

ASADO DE CERDO A LA CATALANA

Schweinebraten ▶

1 Den Schweinerücken mit Küchengarn zubinden, damit das Fleisch saftig bleibt. Die Knoblauchzehen zerstoßen und mit der Paste das Fleisch von allen Seiten einreiben, eine Stunde ruhen lassen und dann in einem Bräter (Terrakotta) in dem zerlassenen Schmalz rundum knusprig anbraten. Die gehackte Zwiebel, den in Stücke geschnittenen Sellerie, zwei Lorbeerblätter, die Gewürznelken und je einen Stengel Thymian, Oregano und Petersilie zufügen und den Braten reichlich mit gemahlenem Pfeffer bestreuen.

2 Den Bräter 5 Minuten bei 220 °C in den Backofen schieben, dann die Hitze auf 180 °C reduzieren, den Schweinebraten mit einem Glas Wein begießen und etwa eineinhalb Stunden garen lassen. Das Fleisch ab und zu mit Bratensaft oder ein paar Esslöffel warmem Wasser begießen und den Sud eventuell nachsalzen. Den fertigen Braten aus der Röhre nehmen, in Scheiben schneiden und auf einer Platte anrichten. Den Bratenfond ein wenig verdünnen und in einer Sauciere zum Fleisch reichen. Ideale Beilagen: Kartoffeln, Spinat oder ein anderes Grüngemüse.

ca. 1,2 kg Schweinerippchen
2-3 Hühnchenlebern
100 g mageres Schweinehack
2 frische Schweinswürstchen
1 kleine Zwiebel
1 Selleriestange
1 Apfel
100 g getrocknete Aprikosen und Pflaumen
20 g Rosinen
20 g Pinienkerne
5 Kastanien oder Maronen
Zimtpulver
20 g Paniermehl
Trockener Weißwein
Salz und Pfeffer
30 g Schmalz

Portionen: 4
Vorbereitungszeit: 15'+30'
Kochzeit: 1h45'
Schwierigkeitsgrad: ●●
Geschmacksrichtung: ●●●
Kalorien (pro Portion): 695
Proteine (pro Portion): 46
Lipide (pro Portion): 35
Nährwert: ●●●

COSTILLAS AL HORNO

Schweinerippchen im Backofen

Eine halbe Stunde vor der Zubereitung die Aprikosen und (kernlosen) Pflaumen mit den Rosinen in lauwarmem Wasser einweichen. Die Kastanien einritzen, im Backofen rösten, herausnehmen und schälen. Das Gemüse putzen und waschen. Den Apfel schälen und das Gehäuse herausschneiden.
Das Schmalz in der Pfanne auslassen und die gesäuberten Hühnchenlebern sacht darin anrösten. Nach 5 Min. herausnehmen, abtropfen lassen und fein hacken. Die Zwiebel und den Sellerie hacken und in dem restlichen Fett glasig dünsten. Die zerbröckelte Schweinswurst hinzufügen und mit andünsten. Dann die gehackte Leber, den klein geschnittenen Apfel, die gehackten Kastanien und abgetropften Rosinen, die Pinienkerne, eine Messerspitze Zimt, Salz und Pfeffer zugeben. Das Paniermehl hineinstreuen, ein halbes Glas Wein darübergießen und alles ungefähr zehn Minuten auf kleiner Flamme eindicken lassen.
Den Topfinhalt in eine feste Form umfüllen. Die Schweinerippchen in Portionsstücke schneiden, mit etwas Salz bestreuen und in die Fleischmasse drücken. Den Deckel auf die feuerfeste Form setzen, in den auf 180 °C vorgeheizten Backofen schieben und ca. eine halbe Stunde nachgaren lassen. In den letzten Minuten den Deckel abnehmen und dann servieren.

1 kg Schweinerücken, ausgebeint
1 Zwiebel
1 Selleriestange
3 Knoblauchzehen
Zimt
2 Gewürznelken
Lorbeer, Oregano, Petersilie, Thymian
Trockener Sherry
Salz und frisch gemahlener Pfeffer
25 g Schmalz

Portionen: 6
Vorbereitungszeit: 15′ +1h
Kochzeit: 1h40′
Schwierigkeitsgrad: ●●
Geschmacksrichtung: ●●
Kalorien (pro Portion): 375
Proteine (pro Portion): 33
Lipide (pro Portion): 15
Nährwert: ●●●

1
2

ca. 1,3 kg Kaninchen (mit Leber), gebrauchsfertig
500 g neue Kartoffeln
1 Zwiebel
2-3 reife Tomaten
2 Knoblauchzehen
1 Gewürzsträußchen (Lorbeer, Petersilie, Thymian und Rosmarin) und ein Sträußchen Petersilie
Muskatnuss
Fenchelsamen
Safran
1 getrocknete Chilischote
20 g Bitterschokolade (oder bitterer Kakao)
Mehl
Rotwein
Salz und Pfeffer
Olivenöl

Portionen: 4
Vorbereitungszeit: 25'
Kochzeit: 1h
Schwierigkeitsgrad: ●●
Geschmacksrichtung: ●●●
Kalorien (pro Portion): 587
Proteine (pro Portion): 61
Lipide (pro Portion): 21
Nährwert: ●●

Conejo al estilo Tarraconense

Geschmortes Kaninchen mit Schokolade

1 Das gewaschene und trockengetupfte Kaninchen in kleine Stücke schneiden (ca. zwanzig, den Kopf nicht mitgerechnet) und zusammen mit der Leber in einem Terrakotta-Bräter mit 6 Esslöffel Öl gleichmäßig anbraten. Sobald das Fleisch Farbe angenommen hat, die Leber herausnehmen (beiseite stellen) und die gehackte Zwiebel zufügen. Sobald sie glasig ist, die gewaschenen, entkernten und zerkleinerten Tomaten hineingeben. Unter Umrühren alles durchziehen lassen, dann mit eineinhalb Glas Wein löschen, das Gewürzsträußchen hineinlegen und das Fleisch mit einem Teelöffel Fenchelsamen, Salz, Pfeffer und etwas Muskatnuss würzen. Die Kasserolle zudecken, die Flamme auf kleinste Stufe stellen und ungefähr eine halbe Stunde köcheln lassen.

2 In der Zwischenzeit die Kartoffeln schälen (oder, wenn sie frisch geerntet sind, waschen und kräftig abreiben) und 5 Minuten in Salzwasser abkochen. Abgießen, abtropfen lassen und halbieren (kleine ganz lassen). In einer trockenen Pfanne auf kleinster Flamme unter ständigem Rühren einen Esslöffel Mehl goldbraun rösten. Die Kaninchenleber zusammen mit einer Messerspitze Safran, der Chilischote (ohne Kerne), dem Knoblauch, der Bitterschokolade und dem gerösteten Mehl im Mörser zerstoßen (oder im Mixer pürieren). Die fertige Paste mit einem halben Glas warmem Wasser verlängern und zu dem Kaninchen und den Kartoffeln in den Bräter geben. Alles vorsichtig wenden, den Topf wieder zudecken und weitere 20 Minuten garen lassen. Das Gewürzsträußchen herausnehmen und das Gericht vor dem Auftragen mit gehackter Petersilie bestreuen.

CONEJO CON CARACOLES

Kaninchen mit Schnecken

Die Schnecken nach Vorschrift (siehe Rezept auf S. 60 - *Caracoles a la patarrallada*) abkochen. Das Gemüse und die Gewürze wie gewöhnlich putzen und zurichten. Den *sofrito* zubereiten: Zwiebel, Knoblauch und Petersilie fein hacken und mit 3-4 Esslöffel Öl sacht andünsten. Die zerkleinerten Tomaten zufügen und unter Umrühren alles langsam durchziehen lassen, bis die Tomaten gar sind. Den *sofrito* warm stellen. Das Kaninchen in etwa zwanzig Portionsstücke zerlegen und mit 5 Esslöffel Öl und einer Prise Salz kräftig anbraten. Wenn sie rundum goldbraun sind, die Brühe zugießen, den Topf zudecken, die Flamme herunterschalten und eine halbe Stunde schmoren lassen. In der Zwischenzeit die *picada* zubereiten: Die Mandeln im Backofen rösten, abziehen und im Mörser (oder im Mixer) mahlen und zusammen mit dem Knoblauch, den Pinienkernen und der Petersilie zu einer Paste verarbeiten. Zum Schluss den Kakao und einen Schluck Wein einrühren. Den *sofrito* und die *picada* in den Kaninchentopf geben und umrühren. Die Schnecken hinzufügen, mit Salz abschmecken und noch eine weitere halbe Stunde bei geöffnetem Topf schmoren lassen. Das Gericht vor dem Servieren etwas abkühlen lassen.

1 Kaninchen, ca. 1,2 kg (küchenfertig)
400 g abgekochte Schnecken (siehe Text)
ca. 1/2 l Hühner- oder Rindsbrühe
Salz
Olivenöl

Für die picada
80 g geschälte Mandeln
40 g Bitterkakaopulver
30 g Pinienkerne
2 Knoblauchzehen
Petersilie
Trockener Weißwein

Für den sofrito
1 Zwiebel
2 reife Tomaten
2 Knoblauchzehen
1 Sträußchen Petersilie
Olivenöl

Portionen: 4
Vorbereitungszeit: 20'
Kochzeit: 1h15'
Schwierigkeitsgrad: ●●
Geschmacksrichtung: ●●●
Kalorien (pro Portion): 856
Proteine (pro Portion): 70
Lipide (pro Portion): 50
Nährwert: ●●●

Die der Heiligen Familie geweihte "unvollendete Kathedrale" von Barcelona, ein Werk von A. Gaudí.

ESTOFAT DE BOU

Rindfleisch mit Schokolade

1 Das Gemüse putzen. Den Speck in Würfel schneiden, in der Pfanne kurz anrösten und zusammen mit dem Schmalz in der Pfanne auslassen, dann die fein gehackte Zwiebel und Karotte und die abgezogenen und zerdrückten Knoblauchzehen hinzufügen. Umrühren und 2-3 Minuten durchziehen lassen. Das Mehl darüber stäuben und in den Sud einrühren, die Pfanne von der Herdstelle nehmen und warm stellen.

2 Das Rindfleisch in gleichmäßige Streifen schneiden und mit 3-4 Esslöffel Öl in der Kasserolle (möglichst aus Terrakotta und mit Deckel) auf starker Flamme anbraten. Sobald das Geschnetzelte Farbe angenommen hat, mit Salz und Pfeffer würzen, mit einem halben Glas Wein löschen und verdunsten lassen.

3 Den angebratenen Speck, das Gemüse und das Gewürzsträußchen dazugeben und mit Brühe, unter Zugabe von einem weiteren halben Glas Wein, bedecken. Den Deckel darauflegen, die Flamme auf kleinste Stufe schalten und das Fleisch etwa eine Dreiviertelstunde schmoren lassen.

4 Die klein geschnittene Tomate und Zwiebeln hinzufügen, den Topf wieder zudecken und noch eine knappe halbe Stunde köcheln lassen. Den Deckel abnehmen, damit der Kochsud verdunstet, die geriebene Schokolade (oder die entsprechende Menge bitteren Kakao) darüber streuen, vorsichtig umrühren und durchziehen lassen. Das Gewürzsträußchen herausnehmen und den *estofat* vor dem Servieren mit Petersilie garnieren. Dazu neue Röstkartoffeln aus dem Backofen reichen.

1

2

3

4

700 g mageres Rind- oder Kalbfleisch
100 g Speck (am Stück)
1 Zwiebel
1/2 Karotte
1 reife Tomate
5 Knoblauchzehen
2 Frühlingszwiebeln
10 g Mehl
1 Gewürzsträußchen (Lorbeer, Thymian, Petersilie, Zimt, zwei Schnitze Zitronenschale)
Petersilie (zum Garnieren)
30 g Bitterschokolade
Rotwein
ca. 1,5 l Hühnerbrühe (oder fertige Gemüsebrühe)
Röstkartoffeln (junge Ernte) als Beilage
Salz und Pfeffer
25 g Schmalz
Olivenöl

Portionen: 4
Vorbereitungszeit: 25′
Kochzeit: 1h30′
Schwierigkeitsgrad: ●●
Geschmacksrichtung: ●●
Kalorien (pro Portion): 740
Proteine (pro Portion): 41
Lipide (pro Portion): 52
Nährwert: ●●●

ESCUDELLA I CARN D'OLLA

Suppenfleisch-Allerlei mit Brühe und Reiseinlage ▶

Die Kichererbsen 4-5 Stunden vorher in leicht gesalzenem Wasser einweichen. Für die Zubereitung der *pilota*: Die Petersilie und den Knoblauch fein hacken und in einer Schüssel mit dem klein geschnittenen Speck, dem Schweinehack, dem Ei, dem Paniermehl und einer Prise Salz und Pfeffer vermengen. Die Masse zu einer Kugel formen, mit Mehl bestäuben und kühl stellen. Das Fleisch (Kalbfleisch, Suppenhuhn, Öhrchen, Schnauze und Schweinsfuß) wie gewohnt kochfertig zubereiten und zusammen mit dem Bauchspeck und dem in 2-3 Stücke zersägten Knochen in einem großen Topf mit knapp 5 Liter kaltem Wasser aufsetzen. Die Kochstelle einschalten und das Fleisch zum Kochen bringen, die Brühe abschäumen und die abgetropften Kichererbsen zufügen. Den Topf zudecken und eineinhalb Stunden köcheln lassen. In der Zwischenzeit das Gemüse (Karotte, Kohl, Sellerieknolle und Kartoffeln) putzen.
Nach Ende der Garzeit die in Stücke geschnittene *butifarra* zusammen mit dem klein geschnittenen Gemüse und der *pilota* in den Fleischtopf geben. Die Brühe filtrieren und in einen kleineren Topf umfüllen, den Safran zugeben und den Reis darin kochen. Den Reis mit der Fleischbrühe als ersten Gang servieren, dann das Fleisch mit dem Gemüse auf einer Platte anrichten (den Schinkenknochen wegtun) und servieren.

FRICANDÒ

Schmorfleisch mit Gemüse

700 g mageres Muskelfleisch vom Rind (oder Kalb)
100 g Speck
80 g Schweineschwarte
1 Zwiebel
2 Karotten
150 g Erbsen
2 Knoblauchzehen
1 Gewürzsträußchen (Lorbeer, Majoran, Petersilie und Thymian)
ca. 1/2 Liter Hühner- oder Rindsbrühe
10 g Mehl
Salz und Pfeffer
Olivenöl

Portionen: 4
Vorbereitungszeit: 20'
Kochzeit: 1h20'
Schwierigkeitsgrad: ●●
Geschmacksrichtung: ●●
Kalorien (pro Portion): 709
Proteine (pro Portion): 46
Lipide (pro Portion): 49
Nährwert: ●●●

Zunächst die Schweineschwarte in schwach gesalzenem Wasser (ca. 10 Min.) abkochen, abgießen und abkratzen. Das Fleisch in Portionsstücke schneiden, leicht in Mehl wenden und zusammen mit der in feine Streifen geschnittenen Schwarte und den Speckwürfeln in 2 Esslöffel Öl anbraten. Warm stellen. Das Gemüse putzen und das Gewürzsträußchen binden. Die Zwiebel und den Knoblauch fein hacken und mit 4-5 Esslöffel Öl in einer Kasserolle (möglichst aus Terrakotta) anrösten. Das Fleisch, die Schwarte und den Speck zufügen und mit Salz und Pfeffer abschmecken. Umrühren und die in dünne Scheibchen geschnittenen Karotten zufügen. Alles umrühren und durchziehen lassen. Die gewaschenen und abgetropften Erbsen hineingeben, mit Brühe bedecken, das Gewürzsträußchen hineinlegen, zudecken und eine knappe Stunde köcheln lassen, davon die letzten 10 Min. ohne Deckel. Das Fleisch auf einer vorgewärmten Platte anrichten, das Gewürzsträußchen herausnehmen und servieren.

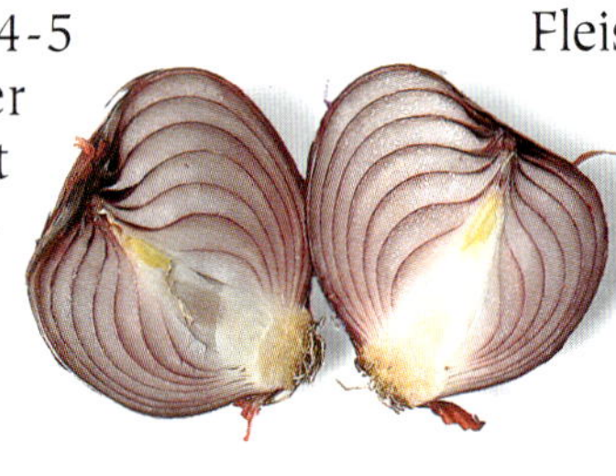

500 g mageres Kalbfleisch
1/2 Suppenhuhn
150 g Bauchspeck (am Stück)
300 g Schweineöhrchen und -schnauze
1 Schweinsfuß
200 g *butifarra negra* (s. S. 22)

1/2 Schinkenknochen
250 g getrocknete Kichererbsen
2-3 Kartoffeln
1 Karotte
1 Weißkohl
1 Sellerieknolle
Salz und Pfeffer

Für die pilota
100 g mageres Schweinehack
100 g Speck
1 Ei
2 Knoblauchzehen
10 g Mehl
20 g Paniermehl
1 Sträußchen Petersilie

Für die Suppe
250-280 g Suppenreis (oder *fideos* oder Suppennudeln)
1 Tütchen Safranpulver

Portionen: 6-8
Vorbereitungszeit: 25'+4-5h
Kochzeit: 2h
Schwierigkeitsgrad: ●●
Geschmacksrichtung: ●●
Kalorien (pro Portion): 1490
Proteine (pro Portion): 10
Lipide (pro Portion): 21
Nährwert: ●●●

Paella

1,2 kg Brathuhn (küchenfertig)
700 g Reis für Risotto
250 g mageres Schweinefleisch
6-8 Scampi
500 g Venusmuscheln
300 g frische (oder tiefgekühlte) Erbsen
4-5 reife Tomaten
2 Paprikaschoten
1 Zwiebel
4-5 Knoblauchzehen
Lorbeer
1 Tütchen Safran
1 Zitrone
Paprikapulver
ca. 1 l Hühnerbrühe
Salz und frisch gemahlener Pfeffer
Olivenöl

Portionen: 6
Vorbereitungszeit: 25′
Kochzeit: 1h
Schwierigkeitsgrad: ●●
Geschmacksrichtung: ●●●
Kalorien (pro Portion): 1107
Proteine (pro Portion): 59
Lipide (pro Portion): 44
Nährwert: ●●

1 Die Paprikaschoten 10 Minuten auf den Backofengrill legen und ab und zu wenden, damit sich die Haut gut abziehen lässt. Kerne, Rippen und Stiel entfernen und in Streifen schneiden. Die Tomaten waschen, entkernen und grob würfeln. Die Knoblauchzehen abziehen, die Zwiebel häuten und alles fein hacken. Nun das Huhn in zwölf Portionsstücke zerlegen und in der *paellera*, der typischen breiten Pfanne, mit 6-7 Esslöffel Öl und einer Prise Salz und Pfeffer goldbraun anbraten, dann herausnehmen und warm stellen.

1

2 In dem in der *paellera* verbliebenen Öl das gewürfelte Schweinefleisch anbraten, die gewässerten Venusmuscheln (s. S. 26, *Arros a la català*) dazugeben, damit sie sich öffnen, und die gewaschenen Scampi tropfnass hineinlegen. Sobald sie eine rosa Farbe angenommen haben, zusammen mit dem Schweinefleisch und den Muscheln herausnehmen (geschlossene Mollusken wegtun) und ebenfalls warm stellen.

3 Den Knoblauch und die Zwiebel fein hacken und in dem verbliebenen Fond glasig dünsten. Tomaten und Erbsen zufügen und sacht ziehen lassen. Nach 5 Minuten ein Lorbeerblatt, den Safran, einen Teelöffel Paprikapulver, Salz und frisch gemahlenen Pfeffer hineingeben und kräftig umrühren. Den Reis einstreuen, kurz durchziehen lassen und die heiße Brühe darüber gießen. Alles aufkochen lassen, die Flamme herunterschalten und 20 Minuten köcheln lassen, bis der Reis die Flüssigkeit aufgesogen hat. Mit Salz abschmecken. Jetzt den in Streifen geschnittenen Paprika zufügen und umrühren. Auf dem Gemüsereis das Huhn, das Schweinefleisch, die Scampi und die Muscheln verteilen. Die *Paella* mit Alufolie abdecken und eine Viertelstunde bei 180 °C in den Backofen geben. Serviert wird die schmackhafte Reispfanne mit Zitronenachteln.

2

3

Die Paellera *ist bekanntlich die typische breite Pfanne mit Griffen, in der traditionsgemäß dieser berühmte und köstliche Eintopf gekocht wird. Ursprünglich war dieses bescheidene Gericht die Mahlzeit der Dienstboten, als in den Palastküchen die Reste der üppigen Tafelfreuden der Patrizier in einem großen Kessel Verwertung fanden.*

PAELLA *PARELLADA*

Paella auf katalanische Art

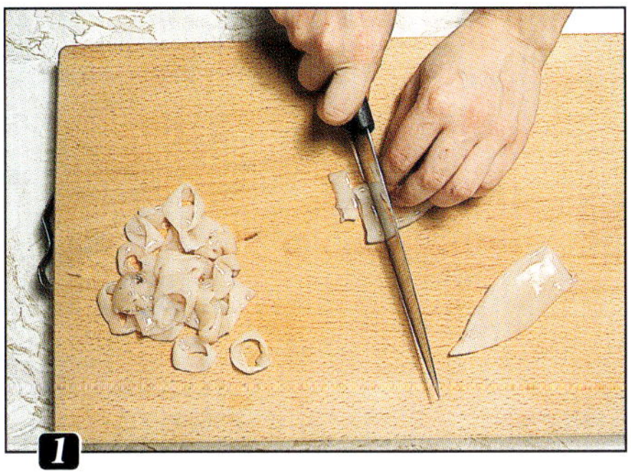

400 g Reis
250 g Hühner- oder Putenbrust (ausgebeint)
300 g mageres Schweinefleisch
200 g *butifarra blanca* (s. S. 22)
300 g Froschfisch (1 Scheibe)
5 Kalmare (mittelgroß)
Ein Dutzend Riesengarnelen
1 Zwiebel
5 Paprikaschoten (auch zum Garnieren)
5 Artischocken (mittelgroß)
100 g Erbsen
80 g Champignons
Petersilie (zum Garnieren)
1 Tütchen Safran
1 Zitrone
Salz und Pfeffer
40 g Schmalz

Portionen: 6
Vorbereitungszeit: 30′
Kochzeit: 50′
Schwierigkeitsgrad: ●●
Geschmacksrichtung: ●●●
Kalorien (pro Portion): 647
Proteine (pro Portion): 41
Lipide (pro Portion): 19
Nährwort: ●●

1 Die Kalmare ausnehmen und die Tintenblase und Knorpelteile entfernen. unter fließend kaltem Wasser abbrausen und trockentupfen. Die Tentakeln vom Rumpf trennen. Die Tentakeln fein hacken und den Sack in Ringe schneiden.

2 Die Pilze säubern und waschen. Die Zwiebel häuten. Von den Artischocken die äußeren harten Blätter entfernen, die Spitzen abschneiden und die Artischockenherzen in leicht gesalzenem Wasser mit etwas Zitronensaft ca. 10 Minuten abkochen, dann abgießen und umgedreht abtropfen lassen. Inzwischen die Paprikaschoten im Ofengrill unter ständigem Wenden rösten. Nach etwa 10 Minuten herausnehmen, die Haut abziehen, Kerne und Rippen entfernen und in Streifen schneiden.

3 Das Schmalz in der *paellera* zergehen lassen und darin das Fleisch und die in Stücke geschnittene *butifarra* zusammen mit den Kalmaren anrösten. Sobald das Bratgut Farbe angenommen hat, alles an den Rand schieben und den ebenfalls klein geschnittenen Froschfisch mit den Tentakeln der Kalmare in die Mitte der Pfanne legen und ziehen lassen.

4 Nach 5-6 Min. die Artischockenspalten, die Erbsen, zwei Drittel der Paprikaschoten, die Pilze und die Zwiebelstreifen hineingeben. Umrühren, 5 Min. durchziehen lassen, dann den Reis und die gewaschenen Garnelen zufügen und knapp mit Wasser bedecken. Mit Salz und Pfeffer und dem in etwas lauwarmem Wasser aufgelösten Safran würzen und auf mittlerer Flamme kochen (evtl. Wasser nachgießen). Die *Paella* mit den restlichen Paprikaschoten und Petersilienblättchen garnieren und auftragen.

PAVO A LA CATALANA

Gefüllte Pute

1 kleine Pute (2,5-3 kg, mit Leber, küchenfertig)
150 g mageres Schweinehack
3 Schweinswürstchen
100 g Speckscheiben
1 Zwiebel
1 Selleriestange
1 Apfel
100 g getrocknete Aprikosen und Pflaumen
20 g Rosinen
20 g Pinienkerne
8 Maronen
1 Gewürzsträußchen (Lorbeer, Oregano, Rosmarin und Thymian)
Zimt
30 g Paniermehl
1 Zitrone
Trockener Weißwein
Salz und Pfeffer
30 g Schmalz

Portionen: 8-10
Vorbereitungszeit: 30'+30'
Kochzeit: 2h30'
Schwierigkeitsgrad: ●●●
Geschmacksrichtung: ●●●
Kalorien (pro Portion): 938
Proteine (pro Portion): 62
Lipide (pro Portion): 51
Nährwert: ●●●

1 Eine halbe Stunde vorher die entkernten Aprikosen und Pflaumen mit den Rosinen in lauwarmen Wasser einweichen. Die Kastanien im Backofengrill rösten (vorher die Schale einritzen) und schälen. Das Gemüse putzen. Den Apfel schälen und das Gehäuse entfernen. Die Kräuter waschen, trockentupfen und zusammenbinden. Die Pute muss küchenfertig sein, d.h. gerupft, ohne Füße, Kopf und Eingeweide, abgeflammt, gewaschen und abgetrocknet. Den Vogel von innen und außen mit Zitronensaft einreiben, vorsichtig salzen und ruhen lassen.

2 Das Schmalz in der Kasserolle auslassen und die Putenleber von beiden Seiten darin anbraten. Nach 5 Minuten herausnehmen, abtropfen lassen und fein hacken (alternativ kann man 2-3 Hühnchenlebern nehmen). Zwiebel und Sellerie fein hacken und in dem verbliebenen Fett anrösten; die zerbröckelte Wurst und das Schweinehack zufügen und zusammen anbraten.

3 Nach etwa zehn Minuten die gehackte Putenleber, den klein geschnittenen Apfel, die gehackten Maronen, die abgetropften und gehackten Aprikosen und Pflaumen, die ausgedrückten Rosinen, die Pinienkerne, eine Messerspitze Zimt, Salz und Pfeffer zufügen. Das Paniermehl einstreuen, umrühren, ein halbes Glas Wein zugießen und die Farce etwa zehn Minuten sacht eindicken lasen.

4 Die Pute mit der Farce füllen und den Bauch mit Küchengarn zunähen. Den Vogel mit Speckscheiben belegen und fest umwickeln. Die Pute mit dem Gewürzsträußchen in einen Bräter legen, in den auf 180 °C vorgeheizten Backofen schieben und circa zwei Stunden braten. Ab und zu mit Wein begießen. Die gebratene Pute herausnehmen, losbinden, die Speckscheiben abnehmen und damit die Platte garnieren.

1

2

3

4

POLLO EN *SAMFAINA*

Huhn mit Auberginen und Paprika

1 Brathuhn, ca. 1,2 kg (küchenfertig)
2 Auberginen
2 Paprikaschoten
1 Zucchino
1 Zwiebel
3 Knoblauchzehen
2 reife Tomaten
Lorbeer, Petersilie und Thymian
Trockener Weißwein
Salz und Pfeffer
40 g Schmalz

Portionen: 4-6
Vorbereitungszeit: 20'+30'
Kochzeit: 50'
Schwierigkeitsgrad: ●●
Geschmacksrichtung: ●●
Kalorien (pro Portion): 733
Proteine (pro Portion): 44
Lipide (pro Portion): 49
Nährwert: ●●

1 Eine halbe Stunde vorher die Auberginen streifig schälen, in Scheiben schneiden, auf einem Teller aufschichten, mit Salz bestreuen und mit einem Gewicht beschweren, damit der bittere Gemüsesaft austreten kann. In der Zwischenzeit das übrige Gemüse – Paprikaschoten, Tomaten und Zucchino – putzen und waschen. Das wie üblich ausgenommene, abgeflammte, abgebrauste und trocken getupfte Brathuhn in 10-12 Portionsstücke zerlegen, mit Salz und Pfeffer einreiben und eine Viertelstunde ruhen lassen.

2 Die Auberginenscheiben abbrausen, gut trocken tupfen und in Würfel schneiden, dann mit einem Esslöffel ausgelassenem Schmalz unter Umrühren in einer Kasserole sautieren. Nach 2 Min. die grob geschnittenen Paprikaschoten und den gewürfelten Zucchino hinzugeben und zusammen durchziehen lassen.

3 Das restliche Schmalz in einem Tonbräter auslassen und darin die Hühnchenstücke mit Zwiebelstreifen goldgelb anbraten. Den gehackten Knoblauch und die zerkleinerten Tomaten hineingeben, 2-3 Minuten auf starker Flamme durchkochen lassen, umrühren und mit einem knappen Glas Wein löschen. Ein Lorbeerblatt, je ein Zweiglein Petersilie und Thymian, Salz und Pfeffer zufügen. Die Flamme herunterdrehen, den Topf zudecken und auf kleinster Stufe etwa eine halbe Stunde schmoren lassen.

4 Dann den Deckel abnehmen, die Auberginen, die Paprikaschoten und den Zucchino hineingeben und bei mittlerer Hitze etwa zehn Minuten eindicken lassen. Sofort servieren.

1

2

3

4

1 Hähnchen
(1,2 kg, küchenfertig)
1 Zwiebel
8-10 (je nach Größe) frische, lange, grüne Paprikaschoten
3 Knoblauchzehen
1 Zweiglein frischer Oregano
Muskatnuss
1 Gewürznelke
Trockener Weißwein
1 Zitrone
Salz und Pfeffer
30 g Schmalz

Portionen:	**4**
Vorbereitungszeit:	**20′**
Kochzeit:	**40′**
Schwierigkeitsgrad:	**●●**
Geschmacksrichtung:	**●●●**
Kalorien (pro Portion):	**715**
Proteine (pro Portion):	**44**
Lipide (pro Portion):	**49**
Nährwert:	**●●●**

POLLO CON PIMIENTOS

Hähnchen mit grünem Paprika ◀

Den Knoblauch und die Zwiebel fein hacken. Von den Paprikaschoten den Stielansatz, die Kerne und Rippen entfernen und in feine Streifen schneiden (kleine Schoten halbieren). Das küchenfertige, d.h. gerupfte, ausgenommene, abgeflammte, gewaschene und abgetrocknete Hähnchen in etwa zwölf Portionsstücke zerlegen. Das Schmalz in der Kasserolle (möglichst aus Terrakotta und mit Deckel) auslassen und die Geflügelstücke rundum goldbraun anbraten. Die gehackte Zwiebel und den Knoblauch, Salz und Pfeffer, ein wenig abgeriebene Muskatnuss, die zerstoßene Gewürznelke und frische Oregano-Blättchen zufügen und mit einem knappen Glas Weißwein löschen. Den Topf zudecken und eine Viertelstunde sacht kochen lassen. Die Paprikaschoten und den Zitronensaft hineingeben, den Deckel wieder aufsetzen und noch eine Viertelstunde schmoren lassen. Die Garprobe am Fleisch machen (andernfalls noch 5-6 Minuten zugeben). Die Pute mit dem Paprikagemüse sofort heiß servieren.

PERDICES CON COLES

Rebhuhn im Kohlwickel

2 große Rebhühner (ca. 1,2 kg), küchenfertig
70 g Speck
100 g *butifarra blanca* (s. S. 22)
1/2 Kohlkopf
1 Zwiebel
1/2 Karotte
1 Gewürzsträußchen (Lorbeer, Oregano und Thymian)
Rotwein
ca. 2 dl Hühner- oder Rindsbrühe
2 Eier
20 g Mehl
Zimt und Muskatnuss
Salz und Pfeffer
Olivenöl

Portionen: 4
Vorbereitungszeit: 20′
Kochzeit: 1h45′
Schwierigkeitsgrad: ●●●
Geschmacksrichtung: ●●
Kalorien (pro Portion): 559
Proteine (pro Portion): 50
Lipide (pro Portion): 34
Nährwert: ●●

Das Gemüse wie gewohnt putzen und das Gewürzsträußchen zusammenbinden. Die gut abgehangenen Rebhühner müssen gerupft, ausgenommen, geflammt, gewaschen und abgetrocknet sein (wenn sie klein sind, benötigen Sie drei). Die Rebhühner der Länge nach halbieren und von innen und außen mit Salz und Pfeffer und je einer Prise Zimt und abgeriebener Muskatnuss würzen. Mit 2-3 Esslöffel Öl, den Speckstreifen, der grob gehackten Zwiebel und der Karotte in der Kasserolle anbraten und mehrmals wenden. Nach etwa 10 Min. das Gewürzsträußchen, ein halbes Glas Wein und einen Schöpflöffel Brühe zugeben. Den Deckel aufsetzen und das Fleisch ca. ein Stunde schmoren lassen. In der Zwischenzeit den Kohlkopf (5-6 Min.) in schwach gesalzenem Wasser abkochen, abgießen und die Blätter vorsichtig ablösen. Die größeren und gleichmäßigeren Blätter auf ein Holzbrett legen und auseinander drücken, ohne dass sie zerreißen. In diese Blätter werden die halben Rebhühner, die inzwischen gar sind, fest eingewickelt. Die "Rouladen" durch ein verquirltes Ei ziehen, leicht in Mehl wenden und in eine feuerfeste Form (mit Deckel) legen. Den Bratenfond mit ein wenig Brühe verdünnen und damit die Kohlwickel benetzen. Die *butifarra* in Scheiben schneiden und in die Kasserolle geben, den Deckel aufsetzen und die Form ca. eine halbe Stunde in den auf 180 °C vorgeheizten Backofen geben. Anstelle der Rebhühner kann man auch Wachteln (je nach Größe eine oder zwei pro Person) nehmen.

MAR I TERRA

Huhn mit Languste und Schokolade

- 1 Brathuhn (mit Leber), ca. 1,2 kg
- 1 Languste (oder Hummer), ca. 1 kg
- 1 Zwiebel
- 2-3 reife Tomaten
- 2 Knoblauchzehen
- 1 Stückchen Porree
- 1 Handvoll abgezogene Mandeln und Haselnüsse
- 1 Gewürzsträußchen (Lorbeer, Oregano, Petersilie, Thymian) plus 1 Zweiglein Petersilie
- Abgeriebene Orangenschale (von 1/2 Orange)
- Zimt und Safran
- 20 g Bitterschokolade (oder Bitterkakao)
- Trockener Weißwein
- Paniermehl
- Salz und Pfeffer
- Olivenöl, Schmalz

Portionen: 6-8
Vorbereitungszeit: 20'
Kochzeit: 45'+10'
Schwierigkeitsgrad: ●●
Geschmacksrichtung: ●●
Kalorien (pro Portion): 673
Proteine (pro Portion): 46
Lipide (pro Portion): 40
Nährwert: ●●●

1 Die Mandeln und Haselnüsse etwa zehn Minuten bei 200 °C im Backofen rösten. Das wie üblich ausgenommene, abgeflammte, abgebrauste und trocken getupfte Brathuhn in kleine Portionsstücke zerlegen und mit einem Gewürzgemisch aus Salz, Pfeffer und einer Messerspitze Zimt einreiben. Die Fleischstücke zusammen mit der zugerichteten Leber in einem Tonbräter (mit Deckel) goldbraun anbraten.

2 Wenn das Huhn rundum goldbraun ist, die Leber herausnehmen und die abgezogene und gehackte Zwiebel und den Porree zufügen. Alles zusammen sacht dünsten, dann das Gewürzsträußchen, die abgeriebene Orangenschale, die gewaschenen, entkernten und in Stücke geschnittenen Tomaten, sowie zwei Glas Wein zufügen. Die Flamme herunterschalten und solange köcheln lassen, bis die Flüssigkeit zur Hälfte verdunstet ist (ca. 15 Min.). Zwei Esslöffel Paniermehl einstreuen und die Hühnchenstücke fast ganz mit Wasser bedecken. Den Topf zudecken und noch eine Viertelstunde garen lassen.

3 In der Zwischenzeit Mandeln, Haselnüsse, Knoblauch, Hühnchenleber und die zerbröckelte Schokolade im Mörser zerstoßen (oder im Mixer pürieren), eine Messerspitze Safran daruntermischen und die Paste mit einem kleinen Guss warmem Wasser verdünnen.

4 Die Languste abbrausen und zurichten. Den Panzer entfernen und das Fleisch in 8-10 nicht zu große Portionsstücke teilen, kurz in einer geölten Pfanne sautieren und zu dem Huhn geben. Dann die fertige Paste vorsichtig darunter heben, damit die Würze gut einziehen kann. Die Herdstelle ausschalten und das Gericht einen Augenblick ruhen lassen. Vor dem Auftragen das Gewürzsträußchen herausnehmen und die Platte mit frisch gehackter Petersilie bestreuen.

1

2

Der Palau del Mar, Sitz des Museums für Katalanische Geschichte in Barcelona.

3

4

PORC AMB MUSCLOS

Schweinefleisch mit Muscheln

500 g mageres Schweinefleisch
ca. 900 g Muscheln
1 Zwiebel
4 reife Tomaten
3 Knoblauchzehen
Edelsüßes Paprikapulver (*pimentón dulce*)
1 getrocknete rote Paprikaschote
Lorbeer
Petersilie (auch zum Garnieren)
Zitronenschale (ein Schnitz)
Trockener Weißwein
Salz und Pfeffer
Olivenöl

Portionen: 4
Vorbereitungszeit: 20'
Kochzeit: 1h
Schwierigkeitsgrad: ●●
Geschmacksrichtung: ●●●
Kalorien (pro Portion): 405
Proteine (pro Portion): 34
Lipide (pro Portion): 19
Nährwert: ●●

Die Muscheln abkratzen, den Bart abreißen und waschen. Das Gemüse putzen und die Gewürze nach Bedarf vorbereiten. Das Schweinefleisch in Gulaschstücke schneiden und mit einem kleinen Guss Öl in der Pfanne leicht anbraten. Warm stellen. Die Zwiebel hacken und mit 4-5 Esslöffel Öl und dem Knoblauch in der Kasserolle leicht anrösten. Die zerkleinerten Tomaten, einen Teelöffel *pimentón*, ein Lorbeerblatt, den Zitronenschnitz und die Paprikaschote (Kerne entfernen) zufügen. Den Topf zudecken und ungefähr zwanzig Minuten schmoren lassen.
In der Zwischenzeit die Muscheln mit ein wenig Wasser, einem knappen Glas Wein und einem Sträußchen Petersilie in einen breiten flachen Topf geben und zudecken. Sobald die Muscheln aufgegangen sind (geschlossene Muscheln wegnehmen), den Topf von der Herdstelle nehmen und die obere Muschelschale entfernen, sodass nur die untere Schalenhälfte mit dem Muschelfleisch im Topf bleibt. Das Muschelwasser in eine Kasserolle gießen, das Schweinefleisch hinzufügen, den Deckel wieder aufsetzen und noch eine weitere halbe Stunde schmoren lassen. Mit Salz und Pfeffer abschmecken. Kurz vor Ende der Garzeit die Muscheln hineingeben und bei geöffnetem Topf heiß werden lassen. Zum Schluss mit frisch gehackter Petersilie bestreuen und auf den Tisch bringen. Auch dieses Gericht ist, wie das vorhergehende, eine Kombination von Mittelmeerküche und katalanischer Festlandküche (oder, besser gesagt, "Mar i Muntanya").

Eine Bucht an der Costa Brava, ein vielbesuchtes Touristenziel.

Fisch, Krustentiere und Mollusken

Fangfrischer Fisch,
Mollusken und Langusten
von der Costa Brava,
das sind Hochgenüsse von der Küste,
in einfacher oder aufwendiger Zubereitung,
als köstliches Hauptgericht
oder als Eintopf wie der gehaltvolle suquet*.*
Und was die Weichtiere vom Land betrifft,
so ist Katalonien bekannt für seine Schnecken,
die auf vielerlei Art serviert werden.

4

CAP ROIG CON SALSA DE AJO

Drachenkopf mit Knoblauchsauce ▶

1 Drachenkopf, ca. 1,2 kg
3-4 Knoblauchzehen
Fischbrühe (mit Brühwürfel)
1 Sträußchen Petersilie
Trockener Weißwein
Salz
Olivenöl

Portionen: 4
Vorbereitungszeit: 10′+30′
Kochzeit: 30′
Schwierigkeitsgrad: ●
Geschmacksrichtung: ●●
Kalorien (pro Portion): 347
Proteine (pro Portion): 38
Lipide (pro Portion): 15
Nährwert: ●

Den Fisch zurichten, das heißt, schuppen (Vorsicht bei den Kammspitzen), ausnehmen und sowohl innen als auch außen gründlich abbrausen. Mit Salz einreiben und eine halbe Stunde ruhen lassen. Eine feuerfeste Form ölen, den Fisch hineinlegen und mit einem vollen Glas Brühe und einem halben Glas Wein begießen. Die Form in die Backröhre schieben und bei 180 °C eine knappe halbe Stunde garen lassen. Die abgezogenen und blättrig geschnittenen Knoblauchzehen in einem halben Glas Öl goldgelb werden lassen die gehackte Persilie zufügen. Den Fisch herausnehmen, abtropfen lassen und mit Zitronenspalten anrichten. Dazu die Gewürzsauce reichen.

CARACOLES A LA PATARRALLADA

Gegrillte Schnecken

10 Dutzend Weinbergschnecken mit Schneckenhaus
1 Zwiebel
4 Knoblauchzehen
Wildes Fenchelkraut
Minze, Petersilie und Thymian
Kreuzkümmel
1 Gewürznelke
1 getrocknete rote Paprikaschote
Salz und Pfefferkörner
Alioli-Sauce (zum Dippen, s. S. 72)

Portionen: 4
Vorbereitungszeit: 15′
Kochzeit: 1h50′
Schwierigkeitsgrad: ●
Geschmacksrichtung: ●●
Kalorien (pro Portion): 249
Proteine (pro Portion): 29
Lipide (pro Portion): 13
Nährwert: ●

Die Schnecken müssen küchenfertig, d.h. gründlich gereinigt, entschleimt und gewaschen sein. Die so vorbereiteten Schnecken in reichlich kochendem Wasser 5 Minuten brühen und abgießen. Die Zwiebel häuten, den Knoblauch abziehen und die Kräuter waschen. Den Topf wieder mit kaltem Wasser füllen und die Zwiebelspalten, den Knoblauch, eine Prise Salz und 4-5 Pfefferkörner, eine Messerspitze Kümmel, die Gewürznelke und die Paprikaschote, ein wenig Fenchelkraut und ein paar Blättchen Petersilie, Minze und Thymian zufügen. Alles zum Kochen bringen und die Schnecken hineingeben, die Flamme auf kleinste Stufe schalten, den Topf zudecken und eineinhalb Stunden sacht kochen lassen. Rechtzeitig die Glut vorbereiten, die nur glimmen darf (ohne Flamme). Die Schnecken abgießen, gut abtropfen lassen und mit der Öffnung nach oben zehn Minuten auf den Grill (oder unter den Ofengrill) legen. Die Schnecken mit Schale servieren und mit Zahnstochern herausnehmen. Dazu reichlich *Alioli*-Sauce zum Dippen reichen. Das Rezept – das vielfach auch für Strandschnecken verwendet wird – eignet sich auch als Vorspeise oder als Ergänzung anderer *tapas*.

DORADA A LA SAL

Goldbrasse im Salzmantel ◀

1 Goldbrasse, ca. 1 kg
Grobes Salz
Alioli-Sauce
(zum Dippen, s. S. 72)

Portionen: 4
Vorbereitungszeit: 10′
Kochzeit: 2h30′
Schwierigkeitsgrad: ●
Geschmacksrichtung: ●●
Kalorien (pro Portion): 250
Proteine (pro Portion): 34
Lipide (pro Portion): 12
Nährwert: ●

Eine sehr alte Garmethode, mit der sich Fleisch und Fisch würzig, saftig und knusprig zubereiten lassen. Die Goldbrasse ausnehmen, abbrausen und trockentupfen. Den Boden einer feuerfesten Form (möglichst aus Terrakotta) fingerdick mit Salz auslegen, die Goldbrasse darauflegen und ebenso dick mit Salz bedecken. Keine anderen Gewürze zufügen. Den Fisch bei mittlerer bis niedriger Hitze (160 °C) zweieinhalb Stunden im Backofen garen, bis sich eine braune Salzkruste gebildet hat. Die Kruste aufbrechen und den Fisch herausnehmen, alle Salzreste sorgfältig entfernen und auftragen. Dazu reichlich *Alioli*-Sauce servieren.

CARACOLES A LA LLAUNA

Gratinierte Schnecken

Das Gemüse und die Kräuter wie gewohnt putzen und waschen. Die Schnecken nach Vorschrift (Rezept S. 60, *Caracoles a la patarrallada*) abkochen, aus dem Schneckenhaus lösen und warm stellen. Den *sofrito* zubereiten: Die Zwiebel mit dem Speck, dem Knoblauch und der Petersilie fein hacken und mit 3-4 Esslöffel Öl in der Pfanne leicht anrösten. Die zerkleinerten Tomaten zufügen und mit einer Prise Zucker alles unter Umrühren durchziehen lassen. Die beiden *butifarra*-Wurstsorten in Scheiben schneiden und ebenfalls kurz mitdünsten, dann die Herdstelle ausschalten und die Pfanne warm stellen.
3 Knoblauchzehen fein hacken und mit 3 Esslöffel Öl in einem flachen breiten Topf (oder in einer feuerfesten Form) anrösten und mit Salz, Pfeffer und einem Teelöffel *pimentón* würzen. Die abgetropften Schnecken hineingeben und auf starker Flamme 5 Min. sautieren. Die Schnecken mit dem *sofrito* und den *butifarra*-Scheiben bedecken und 15 Min. bei mittlerer Hitze im Backofen gratinieren. Sofort servieren.

300 g Schnecken, abgekocht und ohne Gehäuse (s. oben)
3 Knoblauchzehen
Lorbeerblatt
Edelsüßes Paprikapulver (*pimentón dulce*)
Salz
Olivenöl

Für den sofrito
100 g Speck
200 g *butifarra blanca* (s. S. 22)
200 g *butifarra negra* (s. S. 22)
1 Zwiebel
3 Knoblauchzehen
2-3 reife Tomaten
Petersilie
5 g Zucker

Portionen: 4
Vorbereitungszeit: 20′
Kochzeit: 40′
Schwierigkeitsgrad: ●●
Geschmacksrichtung: ●●●
Kalorien (pro Portion): 419
Proteine (pro Portion): 12
Lipide (pro Portion): 36
Nährwert: ●●●

JIBIAS CON SETAS

Sepien mit Pilzen

1 kg Sepien
500 g Steinpilze (oder Pfifferlinge)
2 Zwiebeln
5 Knoblauchzehen
2,5 dl Tomatenfleisch
Geschälte und geröstete Mandeln (ca. ein Dutzend)
1 rote Chilischote
Trockener Weißwein
Salz
Olivenöl

Portionen: 4
Vorbereitungszeit: 25'
Kochzeit: 1h 10'
Schwierigkeitsgrad: ●●
Geschmacksrichtung: ●●
Kalorien (pro Portion): 397
Proteine (pro Portion): 42
Lipide (pro Portion): 14
Nährwert: ●

1

2

3

1 Die Sepien zurichten, das heißt, den Knochen, die Innereien, die Augen und den Mundapparat sowie die Tintenblasen entfernen. Die Sepien innen und außen gründlich abbrausen, die äußere dünne Haut abziehen und die Säcke in Streifen schneiden. Die Zwiebeln häuten, in Stücke schneiden und mit 6-8 Esslöffel Öl in einer Kasserolle (möglichst aus Terrakotta) goldgelb werden lassen. Das Tomatenfleisch und die Chilischote im Ganzen hineingeben und etwa zehn Minuten ziehen lassen. Die Sepien zufügen, mit Salz abschmecken und mit warmem Wasser bedecken. Den Deckel auf den Topf geben und das Gericht eine halbe Stunde schmoren lassen.

2 In der Zwischenzeit die Pilze abschaben und mit einem feuchten Tüchlein abwischen (nicht unter Wasser halten). In kleine Stücke schneiden, zu den Sepien geben und zusammen eine Viertelstunde weiterkochen lassen.

3 Die Mandeln im Backofen rösten und mit dem abgezogenen Knoblauch im Mörser zerstoßen. Die Paste mit einem halben Glas Wein verlängern und zu den kochenden Sepien geben, noch einmal umrühren, eventuell nachsalzen und zugedeckt zu Ende garen (etwa weitere zehn Minuten).

Überreste aus der Römerzeit in Katalonien.

2 mittelgroße Langusten
1 Zwiebel
1 Gewürzsträußchen
(Lorbeer, Petersilie, Thymian, zwei Schnitze Orangenschale)
Trockener Rotwein
Grüne Salatblätter
(zum Servieren)
Salz
Olivenöl

Für die picada
50 g Mandelkerne
1 Tütchen Safran
1 Knoblauchzehe
Edelsüßes Paprikapulver
(*pimentón dulce*)
1 frische rote Paprikaschote
1 Sträußchen Petersilie
10 g Paniermehl
50 g Bitterschokolade
Trockener Weißwein

Portionen: 4
Vorbereitungszeit: 20′
Kochzeit: 35′
Schwierigkeitsgrad: ●●
Geschmacksrichtung: ●●●
Kalorien (pro Portion): 428
Proteine (pro Portion): 23
Lipide (pro Portion): 25
Nährwert: ●●

Langosta a la Costa Brava

Languste mit Schokoladen-Dip

Zunächst wird die *picada* zubereitet. Die Mandeln im Backofen rösten, abziehen und zusammen mit der abgezogenen Knoblauchzehe, der zerbröckelten Schokolade, der Petersilie und der entkernten roten Paprikaschote im Mörser stoßen (oder im Mixer pürieren). Diese Paste mit dem Safran, zwei Teelöffelchen Paprikapulver und dem Paniermehl vermischen, einen Guss Wein zufügen und alles gut verrühren. Die fertige *picada* eine Weile ruhen lassen.

Die Langusten waschen, der Länge nach halbieren und den Darmtrakt sorgfältig entfernen. Das Fleisch herauslösen und in etwa 2 cm große Stücke schneiden. Die Zwiebel in Streifen schneiden und in 4-5 Esslöffel Öl in der Bratpfanne glasig werden lassen. Das Gewürzsträußchen und das mit einer Prise Salz gewürzte Langustenfleisch zufügen und auf starker Flamme 2-3 Minuten sautieren. Die Herdstelle herunterschalten, die *picada* hineingeben, umrühren, eventuell nachsalzen und alles durchziehen lassen. Den Deckel aufsetzen und eine Viertelstunde schmoren lassen. Falls die Sauce zu sehr eindickt, ein wenig warmes Wasser zugießen. Das Gewürzsträußchen herausnehmen und die Languste auf einem Salatbett servieren.

Picada ***ist ein würziger Fond für Fleisch, Fisch und Gemüse, dessen Zusammensetzung man beliebig variieren kann (Mandeln gehören aber immer dazu) und der sich hervorragend auch als Dip-Sauce eignet.***

ANGUILA AL *ALLI I PEBRE*

Gedünsteter Aal

Die Aale aufschneiden, ausnehmen, Kopf und Flossen abschneiden – nur die großen Fische häuten – waschen, in 6-8 cm große Stücke schneiden und mit Salz und Pfeffer würzen. 4-5 Esslöffel Öl in einer Kasserolle (möglichst aus Terrakotta) langsam erhitzen. Einen Esslöffel *pimentón* in etwas Brühe auflösen und in das Öl einrühren, das somit Würze erhält, ohne zu brutzeln. Die restliche Brühe zugeben und aufkochen lassen. Den Topf zudecken, die Flamme herunterschalten und die Tunke eine Viertelstunde köcheln lassen. Die *picada* zubereiten. Hierfür die Mandeln im Backofen rösten, abziehen, schälen und zusammen mit dem Knoblauch, dem Safran und einem Bündchen Petersilie im Mörser zerstoßen (bzw. im Mixer pürieren). Nach einer kleinen Weile den Aal in die Kasserolle mit der kochenden Brühe geben, die *picada* zufügen, den Deckel wieder aufsetzen und zum Kochen bringen. Die Sauce eindicken lassen, das fertige Aalgericht mit Petersilie garnieren und auf den Tisch bringen.

1 kg Aal (mittelgroße, kochfertige Fische)
Edelsüßes Paprikapulver (*pimentón dulce*)
ca. 1 Liter Gemüsebrühe
Petersilie (zum Garnieren)
Salz und Pfeffer
Olivenöl

Für die picada
70 g geschälte Mandeln
1 Tütchen Safran
2 Knoblauchzehen
Petersilie

Portionen: 4
Vorbereitungszeit: 20′
Kochzeit: 45′
Schwierigkeitsgrad: ●●
Geschmacksrichtung: ●●●
Kalorien (pro Portion): 804
Proteine (pro Portion): 40
Lipide (pro Portion): 68
Nährwert: ●●●

Das Hospital de la Santa Creu i de Sant Pau di Domènech i Montaner in Barcelona.

PATACO

Thunfisch mit Mollusken und Gemüse ▶

1 Scheibe frischer Thunfisch, ca. 700 g
30 Venusmuscheln
1 Zwiebel
2 reife Tomaten
1 Kartoffel
1 Zucchino
Petersilie
Rotwein
Salz
Olivenöl

Für die picada
50 g Mandelkerne
1 Tütchen Safran
2 Knoblauchzehen
Edelsüßes Paprikapulver (*pimentón dulce*)
1 Zweig Petersilie

Portionen: 4
Vorbereitungszeit: 25′+2h
Kochzeit: 40′
Schwierigkeitsgrad: ●●
Geschmacksrichtung: ●●●
Kalorien (pro Portion): 425
Proteine (pro Portion): 45
Lipide (pro Portion): 13
Nährwert: ●●

1 Die Venusmuscheln eine Zeitlang vorher wässern und das Wasser mehrmals erneuern, bis der ganze Schmutz und Sand ausgeschwemmt ist. Den Thunfisch ebenfalls in kaltes Wasser legen, damit das Blut austritt. Die Mandeln 10 Minuten in kochendem Wasser brühen, abgießen, abtrocknen, die Haut abziehen und beiseite stellen. Das Gemüse putzen. Die Zwiebel fein hacken und mit 5-6 Esslöffel Öl in einer Kasserolle (möglichst aus Terrakotta) glasig werden lassen. Nach 3-4 Minuten die zerkleinerten Tomaten zufügen und 5 Minuten ziehen lassen. Die Kartoffel und den Zucchino in Würfel schneiden und ebenfalls hineingeben. Dann ein halbes Glas Wein zugießen und alles knapp mit Wasser bedecken. Den Deckel aufsetzen, aufkochen lassen und etwa eine Viertelstunde dünsten.

2 Den abgetropften, abgetrockneten und in Streifen geschnittenen Thunfisch und die gewaschenen Venusmuscheln hinzufügen. Mit einer Prise Salz würzen, den Deckel aufsetzen und weitere 10 Minuten köcheln lassen. In der Zwischenzeit die *picada* zubereiten. Hierfür die Mandeln, den Knoblauch und die Petersilie im Mörser zerstoßen (oder im Mixer pürieren), dann den Safran, zwei Teelöffel Paprikapulver und ein wenig von der Kochflüssigkeit aus der Kasserolle mit der Paste vermischen und die *picada* dann zu dem inzwischen gegarten Fisch geben und mit dem Sud gut verrühren. Den Thunfisch und die Muscheln in der Schale (geschlossene Mollusken aussortieren) auf einer Platte anrichten, mit Petersilie garnieren und sofort auftragen. Anstatt Venusmuscheln kann man den *pataco* auch mit Schnecken servieren, die dann separat mit Gewürzkräutern gekocht werden (s. Rezept S. 60).

ESQUEIXADA DE BACALAO

Kabeljausalat

600 g eingeweichter Kabeljau
1 Zwiebel
2 Paprikaschoten
3-4 Salattomaten
3 junge Zwiebeln
3 gehackte Knoblauchzehen
Grüne und schwarze Oliven in Salzlake (zum Garnieren)
Essig
Salz und Pfeffer
Olivenöl

Portionen: 4
Vorbereitungszeit: 20′
Kochzeit: 5-6′ (n. Belieben)
Schwierigkeitsgrad: ●
Geschmacksrichtung: ●●
Kalorien (pro Portion): 337
Proteine (pro Portion): 35
Lipide (pro Portion): 17
Nährwert: ●

Ein Fischsalat, der in der warmen Jahreszeit vorzüglich kalt schmeckt. Der eingeweichte und gehäutete Kabeljau wird für dieses Rezept gewöhnlich roh verwendet. Man kann ihn aber auch kurz in kochendem Wasser brühen, dann herausnehmen und gut abtropfen lassen. Das Gemüse wie gewohnt putzen. Die Zwiebel in Streifen schneiden und 10 Min. in leicht gesalzenes Wasser legen, damit sie den akuten Geschmack verlieren. Den Kabeljau mit den Fingern schuppenartig zerbröckeln und zusammen mit den Zwiebel- und Paprikastreifen und den Tomatenwürfeln in eine Schüssel geben. Mit Zwiebelringen, gehacktem und mit Öl angerichtetem Knoblauch, Essig, Salz und Pfeffer bestreuen. Mit Oliven garnieren kühl stellen und servieren.
Ein anderer hervorragender Salat mit Kabeljau, weißen Bohnen und hart gekochten Eiern heißt *empedrat* und eignet sich eher für den Herbst.

Rape en salsa de almendras

Froschfisch in Mandelsauce

800 g Froschfisch (Scheiben)
1 Zwiebel
2 Knoblauchzehen
1 Scheibe hausbackenes Brot (ohne Kruste)
Abgezogene Mandeln (zwei Dutzend)
Petersilie
1 Tütchen Safran
ca. 40 g Mehl
Fischbrühe (mit Brühwürfel)
Trockener Weißwein
Salz und Pfeffer
Olivenöl

Portionen: 4
Vorbereitungszeit: 15′
Kochzeit: 30′
Schwierigkeitsgrad: ●●
Geschmacksrichtung: ●●
Kalorien (pro Portion): 478
Proteine (pro Portion): 38
Lipide (pro Portion): 19
Nährwert: ●

1

3

2

4

1 Die Mandeln entkernen (4-5 Min.) in salzlosem kochendem Wasser brühen und abziehen. Abtropfen lassen und trocken tupfen. Die Fischscheiben von beiden Seiten leicht in Mehl wenden, das überschüssige Mehl abklopfen und in einer Pfanne mit 6 Esslöffel Öl nacheinander (ein oder zwei auf einmal, wenn es kleinere Scheiben sind) goldgelb ausbacken. Abtropfen lassen und in eine feuerfeste Form legen.

2 In dem restlichen Öl die Mandeln, das in Stücke geschnittene Brot und die abgezogenen Knoblauchzehen rösten, bis diese ein wenig Farbe angenommen haben. Alles herausnehmen, abtropfen lassen, in einen Mixer geben und zusammen mit einem Zweig Petersilie fein pürieren. In eine Terrine füllen und den Safran einrühren. Ein halbes Glas Wein zufügen, damit eine Art Paste entsteht.

3 In dem in der Pfanne verbliebenen Öl (eventuell etwas Öl nachgießen) die gehackte Zwiebel glasig dünsten. Die Mandelpaste hinzufügen und bei schwacher Hitze unter ständigem Rühren vorsichtig darunterheben.

4 Nach 5-6 Min. einen Deziliter Fischbrühe (oder warmes Wasser) zugießen und verrühren. Mit Salz und Pfeffer abschmecken. Die Sauce über die Fischscheiben gießen. Die Form bei 180 °C in die Backröhre geben und den Fisch 15 Min. garen lassen.

1
2

SUQUET DE PESCADO CON ALIOLI

Fischeintopf mit *alioli*

1 Zuerst die *picada* zubereiten. Die Mandeln im Backofen rösten, abziehen und zusammen mit dem Knoblauch im Mörser zerstoßen (oder im Mixer pürieren) und dann den Safran, zwei Teelöffel Paprikapulver, eine Prise Zimt, eine Prise Salz und das Paniermehl unter die Paste rühren. Einen Guss Wein zugießen, alles kräftig vermischen und ruhen lassen.

2 Dann die *alioli* zubereiten, die berühmte Knoblauchsauce, deren gastronomischer Ruf sich bis in die Provence verbreitet hat. Hierfür den abgezogenen Knoblauch mit einer Prise Salz im Mörser zerstoßen. Die Paste in eine Schüssel umfüllen und mit dem Holzlöffel das Eigelb und den Zitronensaft darunter mischen. Dann tropfenweise das Öl zufügen, dabei immer in der gleichen Richtung rühren, bis die *alioli* steif wird (man kann das Öl auch mit dem Rührgerät einlaufen lassen, in diesem Fall reduziert sich die Ölmenge ein wenig). Die *alioli* in den Kühlschrank stellen und ruhen lassen (die angegebenen Mengen sind ausreichend für 4 Personen).

3 Den Fisch und das Gemüse kochfertig zurichten. Die Zwiebel, die Knoblauchzehe und die Petersilie fein hacken und mit 3-4 Esslöffel Öl in der Kasserolle (möglichst aus Terrakotta und mit Deckel) andünsten. Die zerkleinerten Tomaten, ein halbes Glas Wein, Salz und Pfeffer zufügen und alles 5 Minuten sacht durchziehen lassen. Dann die geschälten und in Scheiben geschnittenen Kartoffeln und das Lorbeerblatt hineingeben, knapp mit Wasser bedecken, zum Kochen bringen und auf starker Flamme eine Viertelstunde kochen lassen.

4 Die Fischstücke hineinlegen, noch ein halbes Glas Wein und soviel warmes Wasser zugießen, wie zuvor verkocht war, dann die gut gewaschenen ganzen Garnelen darauflegen, die Flamme herunterdrehen, den Topf zudecken und 10 Minuten dünsten. Zum Schluss bei schwacher Hitze die *picada* einrühren. Die Kasserolle vom Feuer nehmen und zwei Esslöffel *alioli* in dem Fischsud auflösen. Die restliche Sauce in ein Schüsselchen füllen und separat zum suquet reichen, sodass sich jeder beliebig bedienen kann.

3

4

800 g Fisch-Allerlei (Froschfisch oder Seeteufel, Seeaal, Kabeljau, Glatthai, Meerbarbe, Seeschwalbenfisch usw.)
1 Dutzend Riesengarnelen (oder Scampi)
5 (mittelgroße) Kartoffeln
1 Zwiebel
1 Knoblauchzehe
2-3 reife Tomaten
1 Lorbeerblatt
1 Zweiglein Petersilie
Trockener Weißwein
Salz und Pfeffer
Olivenöl

Für die picada
50 g Mandelkerne
1 Tütchen Safran
1 Knoblauchzehe
Edelsüßes Paprikapulver (*pimentón dulce*)
Zimt
10 g Paniermehl
Trockener Weißwein
Salz

Für die alioli
1 Eigelb
4 Knoblauchzehen
1/2 Zitrone
Salz
ca. 2,5 dl Olivenöl

Portionen: 4
Vorbereitungszeit: 30'
Kochzeit: 40'
Schwierigkeitsgrad: ●●●
Geschmacksrichtung: ●●●
Kalorien (pro Portion): 1315
Proteine (pro Portion): 50
Lipide (pro Portion): 86
Nährwert: ●●●

MEJILLONES RELLENOS

Farcierte Muscheln

1 kg Miesmuscheln
2 Paprikaschoten
1 Zwiebel
1 Knoblauchzehe
Petersilie
Trockener Weißwein
Salz und Pfeffer
Olivenöl

Portionen: 4
Vorbereitungszeit: 25'
Kochzeit: 20'
Schwierigkeitsgrad: ●
Geschmacksrichtung: ●●
Kalorien (pro Portion): 273
Proteine (pro Portion): 19
Lipide (pro Portion): 13
Nährwert: ●

Die Muscheln abkratzen, den Bart zwischen den Schalen abreißen, gut waschen, aber nicht trockentupfen. Die Paprikaschoten putzen, d.h. Kerne und Rippen entfernen, abbrausen, in feine Streifen oder kleine Würfel schneiden und mit 3-4 Esslöffel Öl, dem blättrig geschnittenen Knoblauch und den Zwiebelstreifchen sacht dünsten.
Nach 3-4 Minuten die Muscheln, ein Glas Wein und ein paar Blättchen Petersilie hinzufügen. Die Pfanne zudecken und etwa zehn Minuten kochen lassen, bis die Muscheln sich geöffnet haben (geschlossene Muscheln aussortieren). Die Pfanne von der Herdstelle nehmen. Die Muscheln herausnehmen und auf einer Platte anrichten (die leeren Schalen wegtun). Den in der Pfanne verbliebenen Gemüsesud filtrieren. Mit den festen Bestandteilen esslöffelweise die Muschelhälften füllen. Mit der filtrierten Flüssigkeit – eventuell nachsalzen und mit frisch gemahlenem Pfeffer würzen – die Muscheln beträufeln.
Die Muscheln mit gehackter Petersilie bestreuen und bei Zimmertemperatur servieren. Ein einfaches Hauptgericht, das besonders für den Sommer geeignet ist, aber auch eine appetitanregende Vorspeise, zu der man einen ausgezeichneten trockenen Weißwein reichen sollte.

EIER UND GEMÜSE

Ein Lob auf diese Kochkunst,
in der Zutaten und Geschmacksrichtungen
gern gemischt werden.
So kommen die Gemüsegerichte
– unter Zugabe von alioli,
samfaina *und* sofrito *–*
dem Eintopf näher als der Beilage.
Ein Paradebeispiel hierfür ist
die berühmte escalivada.

5

BERENJENAS A LA CATALANA

Auberginen mit Nüssen

3 Auberginen
6-7 Walnusskerne
1 Zwiebel
2 Knoblauchzehen
2 Tomaten
Petersilie
Gemüsebrühe
(mit Brühwürfel oder Granulat)
Salz und Pfeffer
Olivenöl

Portionen: 4
Vorbereitungszeit: 15'+30'
Kochzeit: 30'
Schwierigkeitsgrad: ●●
Geschmacksrichtung: ●●
Kalorien (pro Portion): 256
Proteine (pro Portion): 7
Lipide (pro Portion): 20
Nährwert: ●●

1 Die Auberginen schälen, in Scheiben schneiden, mit grobem Salz bestreuen, auf einem Teller aufschichten und eine halbe Stunde lang mit einem Gewicht beschweren, damit der bittere Gemüsesaft austreten kann.

2 Die Walnusskerne mit 5 Esslöffel Öl in der Kasserolle sautieren, mit dem Schaumlöffel herausnehmen und auf Küchenkrepp abtropfen lassen. Die Auberginen abbrausen, trockentupfen und in dem in der Kasserolle verbliebenen Öl auf starker Flamme kurz sautieren. Nach 2-3 Minuten die gehackte Zwiebel und die fein gewiegten Knoblauchzehen hinzufügen.

3 Umrühren und nach weiteren 2-3 Minuten die Herdstelle herunterschalten und die gewaschenen, entkernten und zerkleinerten Tomaten dazugeben.

4 Die Nüsse im Mörser zerstoßen, die Nusspaste mit einem halben Glas lauwarmer Gemüsebrühe verlängern und in die Kasserolle geben. Mit Salz und Pfeffer abschmecken. Das Gemüse sacht weiterkochen lassen, bis die Auberginen gar sind. Vor dem Servieren mit gehackter Petersilie bestreuen.

1

2

3

4

COLES A LA CATALANA

Kohlgemüse in pikanter Sauce ◄

Die *Romesco*-Sauce nach Rezept auf Seite 14 einige Zeit vorher zubereiten und ruhen lassen (nicht in den Kühlschrank stellen). Den Weißkohl putzen, den Strunk herausschneiden und die äußeren harten Blätter entfernen. Dann den Kohl in reichlich schwach gesalzenem Wasser abkochen, abgießen, in feine Streifen schneiden und mit der *Romesco*-Sauce in einen Topf (möglichst aus Terrakotta) geben. Das Gemüse auf kleiner Flamme unter Umrühren ungefähr zehn Minuten ziehen lassen, eventuell nachsalzen. Den Topf von der Herdstelle nehmen, zudecken, das Gemüse ganz abkühlen und noch etwa eine weitere Stunde stehen lassen. Kurz vor dem Servieren das Kohlgemüse noch einmal aufsetzen und lauwarm auftragen. Eine ideale Beilage für Schweinefleisch. Ein Rezept, das sich auch für Blumenkohl hervorragend eignet.

1 schöner großer Weißkohl
Romesco-Sauce
(s. S. 14, Rezept Garnelen in pikanter Sauce)
Salz

Portionen: 4
Vorbereitungszeit: 25′+1h
Kochzeit: 25′
Schwierigkeitsgrad: ●●
Geschmacksrichtung: ●●●
Kalorien (pro Portion): 236
Proteine (pro Portion): 3
Lipide (pro Portion): 15
Nährwert: ●●

ESPINACAS A LA CATALANA

Spinat auf katalanische Art

Eine halbe Stunde vorher die Rosinen in kaltem Wasser einweichen. Den Spinat putzen, mehrmals unter fließend kaltem Wasser waschen und tropfnass in einen Topf geben. Nur eine Prise Salz zugeben und den Spinat zusammenfallen lassen (er zieht genug Wasser), dann abgießen, gut ausdrücken und fein hacken. In einem breiten flachen Topf den abgezogenen Knoblauch in 4 Esslöffel Öl goldgelb werden lassen und herausnehmen. Dann den Spinat, die ausgedrückten Rosinen und die Pinienkerne in den Topf geben, untereinander mischen und auf mittlerer Flamme sautieren. Eine hervorragende Beilage zu Fleischgerichten, oder, mit zwei in Öl eingelegten Anchovis, einem hart gekochten Ei und ein wenig hausbackenem Brot, eine einfache und würzige Hauptmahlzeit.

ca. 1 kg Blattspinat
1 Knoblauchzehe
30 g Pinienkerne
30 g Rosinen
Olivenöl

Portionen: 4
Vorbereitungszeit: 20′+30′
Kochzeit: 15′
Schwierigkeitsgrad: ●
Geschmacksrichtung: ●●●
Kalorien (pro Portion): 529
Proteine (pro Portion): 78
Lipide (pro Portion): 16
Nährwert: ●●●

ESCALIVADA

Gemüsesalat in Alufolie

1 große Aubergine
2 reife Tomaten
2 Paprikaschoten
1 Zwiebel
Essig
Grobes Salz
Olivenöl

Portionen: 4
Vorbereitungszeit: 15′
Kochzeit: 45′
Schwierigkeitsgrad: ●
Geschmacksrichtung: ●●●
Kalorien (pro Portion): 139
Proteine (pro Portion): 3
Lipide (pro Portion): 10
Nährwert: ●●

Das Gemüse wie gewohnt putzen und waschen, jedoch nicht schälen (außer der Zwiebel). Die einzelnen Gemüsesorten getrennt auf Alufolie legen, jeweils einen Guss Olivenöl darüber träufeln, mit einer Prise Salz bestreuen und die Folie schließen. Die einzelnen "Gemüsepäckchen" in dem auf 180 °C vorgeheizten Backofen auf den Grill legen und ca. 45 Minuten grillen. Die Päckchen herausnehmen, abkühlen lassen und aufmachen. Die Aubergine schälen und alles in dünne Streifchen schneiden. Das klein geschnittene Gemüse in eine Salatschüssel geben, mit Öl und Essig anrichten, mischen und servieren.

FAVES AL TOMBET

Hülsenfrüchte mit Salat ▶

700 g frische dicke Bohnenkerne (oder die gleiche Menge frische weiße Bohnen bzw. 350 g getrocknete weiße Bohnen)
1 Kopfsalat
2-3 Knoblauchzehen
1 Scheibe hausbackenes Brot ohne Kruste
Paprikapulver
Roter Weinessig
Gemüsebrühe (mit Brühwürfel oder Granulat)
Salz und Pfeffer, Olivenöl

Portionen: 4
Vorbereitungszeit: 15′+4h
Kochzeit: 50′
Schwierigkeitsgrad: ●●
Geschmacksrichtung: ●●●
Kalorien (pro Portion): 214
Proteine (pro Portion): 12
Lipide (pro Portion): 10
Nährwert: ●●

Getrocknete Bohnenkerne 3-4 Stunden vorher einweichen. Den Salat putzen und waschen, den Strunk entfernen und die Blätter grob hacken.
Die Brotscheibe mit den abgezogenen Knoblauchzehen in 5-6 Esslöffel Öl in der Schmorpfanne (möglichst aus Terrakotta) goldgelb rösten. Beides herausnehmen, abtropfen lassen und unter Zugabe von einem halben Teelöffel Paprikapulver und einem Esslöffel Essig im Mörser zu Brei zerstoßen (oder im Mixer pürieren).
Die abgetropften Bohnen und den geschnittenen Kopfsalat in dem Restöl ziehen lassen. Nach etwa einer Viertelstunde die Brotkrume, 2-3 Schöpflöffel Brühe, eine Prise Salz und Pfeffer hinzufügen. Die Pfanne zudecken und das Gericht etwa eine halbe Stunde köcheln lassen. Sofort servieren. Eine hervorragende Beilage zu Eiern und Tortillas.

Für dieses Rezept wurden ursprünglich frische dicke Bohnen verwendet, doch gelingt es auch hervorragend mit weißen Bohnen, vor allem mit den breiten "spanischen" Bohnen. Wir haben uns für Letztere entschieden, weil es diese Bohnen frisch über einen längeren Zeitraum gibt als dicke Bohnen, und das ganze Jahr über, wenn man getrocknete Bohnen verwendet. Zur richtigen Jahreszeit empfiehlt sich dieses Rezept jedoch mit dicken Bohnen.

ROVELLONS A LA BRASA

Pilze vom Grill

500 g (mittelgroße) Steinpilzhüte
4 Knoblauchzehen
1 Strauß Petersilie
Salz
Olivenöl

Portionen: 4
Vorbereitungszeit: 15′
Kochzeit: 15′
Schwierigkeitsgrad: ●●
Geschmacksrichtung: ●●●
Kalorien (pro Portion): 141
Proteine (pro Portion): 6
Lipide (pro Portion): 10
Nährwert: ●

Die Pilzhüte mit einem Messerchen sauber abschaben, mit einem feuchten (aber nicht nassen) Tuch vorsichtig abreiben und mit einem trockenen Lappen oder mit Küchenkrepp abtrocknen. Auch Champignons eignen sich für dieses Rezept. In diesem Fall werden die Pilze unter fließend kaltem Wasser abgebraust und sorgfältig abgetrocknet.

Den abgezogenen Knoblauch zusammen mit der Petersilie fein hacken. Die Unterseite der Pilzhüte leicht mit Öl bepinseln und auf dem Grillrost (oder im Ofengrill) braten. Nicht wenden. Die fertigen Pilzhüte auf einer Platte anrichten und mit ein wenig Salz und der gehackten Knoblauchpetersilie bestreuen. Noch einmal Öl darüber träufeln und servieren.

Das Museum für Zeitgenössische Kunst in Barcelona.

HABAS A LA CATALANA

Weiße Bohnen mit Wurst

Getrocknete Bohnen 5-6 Stunden vorher einweichen. Das Schmalz in einer Kasserolle (möglichst aus Terrakotta und mit Deckel) auslassen und den in Streifen geschnittenen Speck darin anrösten. Die Zwiebel und den Knoblauch hacken und zusammen mit dem Speck glasig werden lassen. Dann die abgetropften Bohnen und die beiden Wurstsorten (*butifarra*) hineingeben. Alles sacht durchziehen lassen. Inzwischen eine Prise *matalahúva* (Anissamen) und eine kleine Stange Zimt im Mörser zerstoßen und zu den Bohnen geben, mit Salz und Pfeffer würzen, das Gewürzsträußchen hineinlegen, 2 volle Glas Wein zugießen und alles reichlich mit Wasser bedecken. Den Deckel auf den Topf setzen, langsam zum Kochen bringen und etwa 45 Minuten sacht kochen lassen. Den Topf abdecken, das Gewürzsträußchen herausnehmen, die Würste klein schneiden und die abgetropften Bohnen mit gehackter Petersilie auf einer Platte anrichten.

- 500 g frische dicke Bohnenkerne (oder die gleiche Menge frische weiße Bohnen bzw. 250 g getrocknete weiße Bohnen)
- 100 g Speck (am Stück)
- 150 g *butifarra blanca* (s. S. 22)
- 100 g *butifarra negra* (s. S. 22)
- 1 Zwiebel
- 1 Knoblauchzehe
- 1 Gewürzsträußchen (Lorbeer, Minze, Rosmarin, Thymian)
- Anissamen (*matalahúva*) und Zimt
- Petersilie
- Trockener Weißwein
- Salz und Pfeffer
- 30 g Schmalz

Portionen: 4
Vorbereitungszeit: 15′+5-6h
Kochzeit: 1h
Schwierigkeitsgrad: ●●
Geschmacksrichtung: ●●●
Kalorien (pro Portion): 419
Proteine (pro Portion): 8
Lipide (pro Portion): 33
Nährwert: ●●●

Hier gilt das Gleiche wie für das Rezept Faves al tombet *auf S. 80, d.h. anstatt frischer dicker Bohnen kann man weiße Bohnen nehmen.*

Panadons amb Espinacs

Ravioli mit Spinat

500 g Blattspinat
200 g Mehl
(plus Mehl zum Ausrollen)
1 Ei
2 Knoblauchzehen
20 g Malaga-Rosinen
30 g Pinienkerne
Salz
Olivenöl

Portionen: 4
Vorbereitungszeit: 30′+30′
Kochzeit: 40′
Schwierigkeitsgrad: ●●●
Geschmacksrichtung: ●●
Kalorien (pro Portion): 551
Proteine (pro Portion): 48
Lipide (pro Portion): 18
Nährwert: ●●●

1

2

3

4

1 Das Mehl mit einer Prise Salz in eine Schüssel geben, 6 Esslöffel Öl zufügen und mit dem Rührgerät verkneten. Soviel Wasser zugießen, wie für einen glatten und festen Teig benötigt wird. Den Teig eine halbe Stunde ruhen lassen. In der Zwischenzeit die Rosinen einweichen.

2 Den Spinat putzen, mehrmals unter fließend kaltem Wasser waschen und tropfnass in den Kochtopf geben, kurz abkochen, abgießen, ausdrücken und hacken.

3 Den abgezogenen und blättrig geschnittenen Knoblauch mit 3-4 Esslöffel Öl in der Pfanne anrösten. Den Spinat, eine Prise Salz, die ausgedrückten Rosinen und die Pinienkerne zufügen und 7-8 Minuten ziehen lassen. Dann beiseite stellen.

4 Den Teig noch einmal kurz durchkneten, nach Bedarf noch etwas Wasser zugeben, damit er geschmeidig bleibt. Dann den Teig auf einer bemehlten Platte ziemlich dünn ausrollen und mit einem Förmchen oder einem Glas Kreise (ca. 10 cm Durchmesser) ausstechen. Einen Essöffel Spinatfarce in die Mitte setzen, eine Hälfte überklappen und zu einem Halbmond schließen. Die Ränder fest andrücken. Die *panadons* mit verquirltem Ei bepinseln, auf einem geölten Backblech aufreihen und im vorgeheizten Backofen bei 180 °C 20 Minuten backen. Die *panadons* schmecken köstlich, wenn sie mit Eiern und *tortillas* serviert werden.

Der Monolith von Joan Miró auf der Plaça El Escorxador in Barcelona.

Patatas a la Cerdeña

Kartoffeln mit Speck ▶

6 (mittelgroße) Kartoffeln
100 g Speck (am Stück)
3 Knoblauchzehen
Salz und Pfeffer
Olivenöl

Portionen: 4
Vorbereitungszeit: 15'
Kochzeit: 15'
Schwierigkeitsgrad: ●
Geschmacksrichtung: ●●
Kalorien (pro Portion): 584
Proteine (pro Portion): 8
Lipide (pro Portion): 36
Nährwert: ●●●

Die Kartoffeln schälen, waschen und in leicht gesalzenem Wasser abkochen. Abgießen und das Kochwasser aufheben. Die Kartoffeln in Stücke schneiden und in eine Schüssel geben. Mit dem Mixer (oder mit dem Passiergerät) einen Kartoffelbrei bereiten, eventuell ein wenig Kartoffelwasser zugeben, damit das Püree geschmeidig bleibt. Den Speck in Würfel schneiden und in einer Pfanne mit 2 Esslöffel Öl auslassen, den fein gehackten Knoblauch zufügen und mit anrösten. Den Knoblauchspeck über das Kartoffelpüree geben, mit Salz und Pfeffer würzen, umrühren und auftragen. Eine hervorragende Beilage zu Hauptgerichten mit dunklem Fleisch.

4 Eier
3-4 Kartoffeln
(je nach Größe)
1/2 Zwiebel
Salz
Olivenöl

Portionen: 4
Vorbereitungszeit: 15'
Kochzeit: 20'
Schwierigkeitsgrad: ●●
Geschmacksrichtung: ●●
Kalorien (pro Portion): 453
Proteine (pro Portion): 16
Lipide (pro Portion): 25
Nährwert: ●●

Tortilla de Patatas

Kartoffel-Eierkuchen

Die Kartoffeln schälen, waschen, abtrocknen, in nicht zu dicke Scheiben schneiden und mit 4-5 Esslöffel Öl in eine breite Pfanne geben. Dabei darauf achten, dass sie nicht zu sehr übereinander liegen. Den Deckel aufsetzen und etwa zehn Minuten sacht garen lassen. Die Kartoffeln sollen weich sind, aber nicht auseinanderfallen.
Die Eier mit einer Prise Salz in einer Schüssel verquirlen. Die Kartoffeln aus der Pfanne heben, abtropfen lassen, mit etwas rohem Öl beträufeln und in das verquirlte Ei geben. Alles 5 Minuten ruhen lassen.
Die Zwiebel häuten, fein hacken und mit 2-3 Esslöffel Öl in der Pfanne glasig werden lassen. Nach 5-6 Minuten die Zwiebel unter das Eier-Kartoffelgemisch geben. Die Masse nun in die heiße Pfanne (das Öl darf aber nicht rauchen) füllen und auf mittelstarker Flamme 2-3 Minuten backen. Mit Hilfe eines Tellers oder Deckels den Eierkuchen umdrehen (gegebenenfalls noch einen Tropfen Öl in die Pfanne geben) und von der anderen Seite backen. Kartoffel-Tortilla ist ein spanisches Nationalgericht und ganz besonders beliebt in Katalonien.

TORTILLA DE TOMATES Y PIMIENTOS

Eierkuchen mit Gemüse

6 Eier
3 reife Tomaten
4 Paprikaschoten
1 Aubergine
Salz
Olivenöl

Portionen: 4
Vorbereitungszeit: 15′+30′
Kochzeit: 25′
Schwierigkeitsgrad: ●●
Geschmacksrichtung: ●●●
Kalorien (pro Portion): 410
Proteine (pro Portion): 23
Lipide (pro Portion): 29
Nährwert: ●●

Die Aubergine waschen, aber nicht schälen, in Scheiben schneiden und mit grobem Salz bestreuen. Die Scheiben auf einem Teller aufschichten und eine halbe Stunde lang mit einem Gewicht beschweren, damit der bittere Gemüsesaft austreten kann. Danach abbrausen, trockentupfen und in Würfel schneiden. Die Paprikaschoten waschen, den Stiel, die Kerne und die Rippen entfernen und die Schoten in Streifen schneiden. Die Tomaten waschen, die Kerne entfernen. Das Tomatenfleisch in ganz kleine Würfel schneiden und mit 3-4 Esslöffel Öl dünsten. Die Paprikastreifen und Auberginenwürfel hinzufügen und alles unter Umrühren etwa zehn Minuten durchziehen lassen. Die Eier mit einer Prise Salz in einer Schüssel verquirlen und in die Pfanne gießen. Die *tortilla* auf mittlerer Flamme stocken lassen, dann wenden und von der anderen Seite zu Ende garen.

GEBÄCK UND DESSERT

Und zum Abschluss
feine und delikate Konditorwaren,
bei denen ein Echo aus fernen Zeiten nachklingt,
wie beim menjar blanc, *oder,*
wie bei der weltberühmten crema catalana,
alte Familienbräuche wachgerufen werden.
Wir haben für Sie das Beste
vom Besten ausgesucht,
das Sie zu Hause zubereiten können,
zum Frühstück, zum Nachmittagstee
und als Dessert.

6

CREMA CATALANA

Katalanische Creme

8 Eidotter
150 g Zucker
50 g Rohrzucker
1 l Milch
20 g Mehl
1 Streifen Zitronenschale
1 Stück Zimtstange

Portionen: 6
Vorbereitungszeit: 20'+2h
Kochzeit: 30'
Schwierigkeitsgrad: ●●
Kalorien (pro Portion): 404
Proteine (pro Portion): 19
Lipide (pro Portion): 17
Nährwert: ●●●

Die Milch (ein halbes Glas zurückbehalten, in die das Mehl eingerührt wird) mit der Zitronenschale (die weiße innere Haut wegschneiden) und einem Stückchen Zimtstange in einen Topf gießen, zum Kochen bringen, die Herdstelle sofort ausschalten und die Milch zehn Minuten ruhen lassen. In der Zwischenzeit in einer Schüssel die Eidotter und den Zucker mit dem Schneebesen zu einer cremigen Masse schlagen und dann auch die Milch (Zimt und Zitronenschale herausnehmen) und das mit der Milch verrührte Mehl einrühren. Den Schüsselinhalt in einen Topf geben, auf kleiner Flamme aufsetzen und ständig weiterrühren, bis die Creme eine bestimmte Konsistenz hat. Sobald die Creme anfängt zu kochen, die Herdstelle ausschalten und die Creme in feuerfeste Porzellanschälchen füllen. Abkühlen lassen und zwei Stunden in den Kühlschrank stellen. Unmittelbar vor dem Servieren den Backofengrill anstellen, die Creme mit Rohrzucker bestreuen und die Schälchen so nah wie möglich an die Hitzequelle stellen, damit der Zucker rasch karamellisiert. Der Arbeitsschritt muss sehr schnell vonstatten gehen, damit die Creme innen kalt bleibt.

GRANIZADO

Zitronengramolate

4 große saftige Zitronen (davon eine zum Garnieren der Gläser)
70 g Zucker
Gekörntes Eis (von ca. 1,5 l Wasser)
Minze (zum Garnieren)

Portionen:	**4**
Vorbereitungszeit:	**30'+1h**
Schwierigkeitsgrad:	**●**
Kalorien (pro Portion):	**69**
Proteine (pro Portion):	**1**
Lipide (pro Portion):	**0**
Nährwert:	**●●**

Rechtzeitig vorher eine ausreichende Menge Eiswürfel bereiten, die anschließend zerkleinert werden. Drei der gewaschenen Zitronen mit dem Schälmesser schälen, dabei darauf achten, dass nur die äußere gelbe Schale entfernt wurd, nicht aber die weiße Haut. Die geschälten Zitronen halbieren und pressen; den Saft in einem Schüsselchen auffangen und beiseite stellen.

Die Zitronenschalen in eine Schüssel geben, einen Liter kochendes Wasser darüber gießen und völlig abkühlen lassen. Die Schalen herausnehmen, den Zucker in dem aromatisierten Wasser auflösen und den Zitronensaft zugeben. Vorsichtig umrühren, 10 Minuten ruhen lassen, dann noch einmal umrühren, bis der Zucker sich ganz aufgelöst hat. Die Limonade etwa eine Stunde im Kühlschrank erkalten lassen. Die Eiswürfel in den Eiszerkleinerer geben und die Gremolate in Saftgläser verteilen. Die Gläser fast bis zum Rand füllen und mit einer Zitronenscheibe und einem Zweiglein Minze garnieren. Zum Schluss den eiskalten Zitronensaft darüber gießen. Die Gremolate wird mit dem Strohhalm getrunken. *Granizado* ist ein köstliches Eisgetränk, vor al lem bei der großen Sommerhitze, und kann auch mit Kaffee und Wein – Malaga oder Sherry – zubereitet werden.

ENSAIMADAS

Hefestangen

1 Die Hefe in 2-3 Esslöffel lauwarmem Wasser auflösen und in einer Schüssel mit 100 g Mehl und einem Teelöffel Zucker verrühren. Die Schüssel mit einem feuchten Tuch zudecken und den Vorteig an einer warmen Stelle eine Stunde gehen lassen. In einer anderen Schüssel das restliche Mehl und den restlichen Zucker, das Salz und die Eier mit genügend Wasser und dem aufgegangenen Vorteig zu einem glatten Teig verarbeiten.

1

2 Den Teig auf eine bemehlte Arbeitsfläche legen und lange mit den Händen verkneten, dabei nach und nach 2 Esslöffel Öl unter den Teig mischen, damit er geschmeidig bleibt. Den Teig dann wieder in eine gefettete Schüssel legen, mit dem Tuch zudecken und noch weitere zwei Stunden gehen lassen. In dieser Zeit wird das Volumen doppelt so groß. Den Teig noch einmal einige Minuten lang kräftig durchkneten und dann kleine Kugeln (je ca. 40 g) formen, die hauchdünn ausgerollt und leicht mit Schmalz bepinselt werden.

2

3 Dann wieder verkneten und kleine Kugeln formen, ausrollen und mit Schmalz bestreichen, und das Gleiche noch einmal wiederholen. Zum Schluss aus den Kugeln nacheinander mit dem Handballen 25 cm lange, dünne Stäbchen formen.

3

4 Diese zur Spirale drehen und die Enden andrücken. Den Vorgang wiederholen, bis alle Kugeln verbraucht sind. Die fertigen Spiralen mit ein wenig Abstand voneinander auf eine leicht gefettete Backfolie legen. Mit dem Tuch zudecken und eine halbe Stunde ruhen lassen. Die Spiralen mit Wasser besprühen und das Backblech bei 200 °C in den Backofen schieben. Nach gut zehn Minuten die *ensaimadas* aus dem Ofen nehmen und mit Puderzucker bestäuben. Es handelt sich um eine Spezialität aus den Balearen, die auch auf dem Festland heimisch geworden ist, wo man diese köstlichen Hefestangen vorzugsweise zum Frühstück oder als Imbiss am Nachmittag verzehrt.

4

500 g Mehl (und zum Ausrollen)	1 Prise Salz	Portionen: 4	Lipide (pro Portion): 29
2 Eier	50 g Schmalz	Vorbereitung: 40'+3h 30'	Nährwert: ●●●
10 g Bierhefe	Olivenöl	Kochzeit: 20'	
80 g Zucker		Schwierigkeitsgrad: ●●●	
Puderzucker		Kalorien (pro Portion): 752	
		Proteine (pro Portion): 16	

300 g abgezogene Mandeln
150 g Zucker
40 g Maismehl
Zimt
Zitronenschale (ein Schnitz)
1 Prise Salz
Olivenöl

Portionen: 4	
Vorbereitungszeit: 20'	
Kochzeit: 35'	
Schwierigkeitsgrad: ●●●	
Kalorien (pro Portion): 785	
Proteine (pro Portion): 20	
Lipide (pro Portion): 52	
Nährwert: ●●●	

MENJAR BLANC

Mandelpudding ▶

1 Die Mandeln in ungesalzenem kochendem Wasser brühen (6-7 Min.), abgießen und die braune Haut abziehen. 50 g Mandeln zurückbehalten und die restlichen fein mahlen. Das Mandelmehl in eine Schüssel geben, 1 Liter kochendes Wasser zugießen und verrühren. 10 Min. ruhen lassen, dann das Gemisch durch ein sauberes weißes Tuch filtrieren, sodass die "Milch" in einen Topf fließt. Die im Tuch verbliebene Mandelpaste fest ausdrücken, bis die ganze Mandelmilch ausgepresst ist.

2 Ein Stückchen Zimtstange, die Zitronenschale, 120 g Zucker und eine Prise Salz in die Mandelmilch geben. Den Topf aufsetzen, alles langsam zum Kochen bringen und 10 Min. köcheln lassen. Den Zimt und die Zitronenschale herausnehmen, das in etwas Wasser aufgelöste Mehl einrühren und die Creme auf kleiner Flamme unter ständigem Umrühren eindicken lassen. Nach etwa 15 Minuten die Herdstelle ausschalten und die Creme in 4 Portionsschälchen füllen, abkühlen lassen und zwei Stunden in den Kühlschrank stellen. Die übrigen Mandeln mit einem Hauch Öl und dem restlichen Zucker in der Pfanne rösten, abtropfen und erkalten lassen und dann hacken.
Die Puddingschälchen aus dem Kühlschrank nehmen, mit den gehackten Mandeln überstreuen und servieren.

400 g *Queso fresco* oder *requesón* (zarter Frischkäse)
100 g Honig (Akazienhonig, Blütenhonig oder eine andere Honigsorte)

Portionen: 4	
Vorbereitungszeit: 5'	
Schwierigkeitsgrad: ●	
Kalorien (pro Portion): 417	
Proteine (pro Portion): 27	
Lipide (pro Portion): 24	
Nährwert: ●●●	

MEL I MATÓ

Käse mit Honig

Den Käse – er sollte kühl, aber nicht eiskalt sein – in Portionsschüsselchen verteilen. Jeweils zwei Esslöffel ziemlich flüssigen Honig darüber träufeln und servieren. Das ist ein ganz einfaches Dessert, naturrein und als Nachmittagsimbiss ein Hochgenuss. In Barcelona wird dieser Käse in unglaublichen Mengen verzehrt, und man sagt, dass die beste Käsesorte aus Montserrat kommt.

An erster Stelle einer imaginären "Rangliste" der beliebtesten Süßspeisen Kataloniens steht ohne Zweifel der Postre de músic *(wörtlich: Musikergebäck) auf der Grundlage von Trockenobst und Rosinen, zu dem ein Gläschen* moscatel *ganz köstlich schmeckt. Der Name spielt auf die Tatsache an, dass dieses Gebäck früher von den Musikern der Volkstanzorchester verzehrt wurde, die oft bis spät in die Nacht hinein spielen mussten. Bei dem hastig eingenommenen Abendessen blieb keine Zeit für ein Dessert, und so steckten sie sich dieses Gebäck einfach in die Tasche und aßen es in den Pausen. Weitere Süßigkeiten haben Namen wie* pressesc amb vi *(Quitten mit Wein),* codonyat *(Quittenbrot, anderswo* membrillo *genannt),* empanadas de calabaza *(süße Kürbisfladen),* bufats *(Mandelplätzchen) und andere unwiderstehliche Köstlichkeiten.*